财务管理及其分析实践探索

袁东霞◎著

吉林出版集团股份有限公司
全国百佳图书出版单位

图书在版编目（CIP）数据

财务管理及其分析实践探索 / 袁东霞著 . -- 长春：吉林出版集团股份有限公司 , 2023.6
ISBN 978-7-5731-3908-5

Ⅰ . ①财… Ⅱ . ①袁… Ⅲ . ①财务管理—研究 Ⅳ . ① F275

中国国家版本馆 CIP 数据核字（2023）第 126469 号

财务管理及其分析实践探索
CAIWU GUANLI JI QI FENXI SHIJIAN TANSUO

著　　者	袁东霞
责任编辑	赵　萍
封面设计	李　伟
开　　本	710mm×1000mm　　1/16
字　　数	221 千
印　　张	12
版　　次	2024 年 1 月第 1 版
印　　次	2024 年 1 月第 1 次印刷
印　　刷	天津和萱印刷有限公司

出　　版	吉林出版集团股份有限公司
发　　行	吉林出版集团股份有限公司
地　　址	吉林省长春市福祉大路 5788 号
邮　　编	130000
电　　话	0431-81629968
邮　　箱	11915286@qq.com
书　　号	ISBN 978-7-5731-3908-5
定　　价	72.00 元

版权所有　翻印必究

作者简介

袁东霞（1975—），女，汉族，河南西华人，山东外贸职业学院财会金融系副教授，从事财会教学工作20余年，研究方向为会计理论与实务、财务管理相关理论等。公开发表论文20余篇，主持参与课题多项，主编教材5部，多次荣获学院优秀教师、教学能手等称号。

前　言

随着我国社会主义市场经济的发展，纵观整个企业管理，财务管理有着愈发明显的核心地位，其作用价值也日益重要。对于企业管理而言，财务管理是其核心。我们必须认识到，面对世界经济一体化与经济全球化的要求，我国传统的企业财务管理是难以适应的，所以适时创新企业财务管理工作是十分必要的。在社会主义新时代背景下，企业的财务管理需要改变以往的传统模式，开启全新的管理模式以适应时代发展要求。

财务报表是对企业财务状况、经营成果和现金流量的结构性描述，对于企业财务会计工作而言，财务报表是其最终成果。传统的财务管理工作的重点是依托财务会计报表上的数据，展开一系列综合分析，再借助这些数据，对企业的盈亏加以判断，继而明确应当采取何种生产经营战略。现如今，置身全球经济一体化背景下，我们已然步入信息化时代，无论是企业生存的外部环境还是内部环境，变化巨大。企业在财务管理方面采集数据、整理数据以及分析数据的方式，早已不再囿于人工操作、人工分析，而是大步迈向信息化、大数据时代。如果企业想要得到更多生产经营、业务数据等方面的资料或信息，就要为企业财务管理工作信息化注入更多动力，进一步优化、创新企业财务管理工作，如此方能实现企业财务管理水平的进一步提升，让企业不断获得高效益、高利润。

本书共分为五个章节，第一章为财务管理基础理论介绍，主要就财务管理概念与目标、财务管理环节与原则、财务管理体制与环境、财务管理理念与作用四个方面展开论述；第二章为财务分析基础内容概述，主要围绕财务分析的产生与发展、财务分析的原则与要求、财务分析的目的与内容、财务分析的方法与基础、财务分析的程序与意义展开论述；第三章为财务管理决策实践研究，依次介绍了对财务决策管理的认识、营运资金管理与决策、投融资管理与决策、收益分配管理与决策四个方面的内容；第四章为基于对财务管理人才培养模式的探索，依次介绍了财务管理人才培养模式的概述、财务管理人才培养模式的创新路径两个方面的内容；第五章为现代企业财务分析的实践化发展，分为四部分内容，依次是现代企业财务分析的问题与对策探讨、现代企业财务效率分析、基于价值链的财务分析、现代企业财务报表体系的构建。

  在撰写本书的过程中，作者得到了许多专家学者的帮助和指导，参考了大量的学术文献，在此表示真诚的感谢。由于作者水平有限，书中难免会有疏漏之处，希望广大同行和读者及时指正。

袁东霞

2023 年 3 月

目录

第一章 绪论 ... 1
第一节 财务管理概念与目标 ... 1
第二节 财务管理环节与原则 ... 11
第三节 财务管理体制与环境 ... 23
第四节 财务管理理念与作用 ... 34

第二章 财务分析的基本内容 ... 41
第一节 财务分析的产生与发展 ... 41
第二节 财务分析的原则与要求 ... 45
第三节 财务分析的目的与内容 ... 50
第四节 财务分析的方法与基础 ... 54
第五节 财务分析的程序与意义 ... 64

第三章 财务管理的决策实践 ... 71
第一节 对财务决策管理的认识 ... 71
第二节 营运资金管理与决策 ... 82
第三节 投融资管理与决策 ... 92
第四节 收益分配管理与决策 ... 110

第四章 财务管理人才培养模式的探索 ... 119
第一节 财务管理人才培养模式的概述 ... 119
第二节 财务管理人才培养模式的创新路径 ... 123

第五章 现代企业财务分析的实践化发展·················141
　第一节 现代企业财务分析的问题与对策···············141
　第二节 现代企业财务效率分析·····················146
　第三节 基于价值链的现代企业财务分析···············162
　第四节 现代企业财务报表体系的构建················170

参考文献·····································179

第一章 绪论

财务管理是一项经济管理工作,包括对企业财务活动进行组织,对财务关系加以处理。本章内容为财务管理基础理论介绍,主要就财务管理概念与目标、财务管理环节与原则、财务管理体制与环境、财务管理理念与作用四个方面展开论述。

第一节 财务管理概念与目标

一、财务管理发展背景

财务管理是基于社会生产力的发展以及人们对生产管理的需要产生的,用于完善现代市场经济。财务管理经历了由简单到复杂、由初级到高级的发展过程。财务管理在企业管理中的地位越来越重要,逐步成为企业管理的核心。财务管理的产生和发展主要经历了以下三个阶段:

(一)以筹资为目的的初始阶段

15世纪到16世纪,地中海沿岸城市出现了手工作坊和工场手工业等生产方式及公众入股的商业组织。这些组织仅依靠自己的资金有时无法满足生产发展的需要,就要从外部筹资。当时,基于商品经济的发展产生的银行业可为其提供所需的资金,因此以筹资为目的的财务管理产生了。由于投资的渠道和方式比较单一,财务管理并没有从生产管理职能中分离出来,只是生产管理职能的附属部分。19世纪末至20世纪初,随着工业革命的成功及资本主义商品经济的建立和发展,股份公司成为占主导地位的经济组织,对资金的需求增加,在公司内部出现了专门筹资的管理部门——财务管理部门。财务管理从企业生产管理职能中分离出来，成为一项独立的管理职能。

（二）以内部控制为目的的发展阶段

20世纪30年代，西方经济大萧条，许多企业破产、倒闭，使投资者遭受了严重的损失。为了保护投资者和债权人的经济利益，各国政府加强了对证券市场的监管。面对严峻的局面，企业不仅要关注筹资管理，还要加强企业内部的财务管理与控制，具体表现在运用各种计量模型开展财务分析，运用政府制定的法律法规来制定企业的财务政策。

（三）以投资为目的的完善阶段

20世纪50年代以后，随着项目投资决策和评价方法的出现，财务管理的投资决策理论得到了长足发展，如建立了科学的项目投资决策程序、运用动态决策指标分析与评价投资方案、制定组合投资决策、分散企业投资风险等理论。20世纪80年代以来，随着财务管理面临的客观经济环境的变化，财务管理领域也在不断拓展，出现了跨国财务管理、通货膨胀财务管理、网络财务管理等新的财务管理领域。

二、财务管理概念核心

商品经济条件下，对于企业来说，财务管理这一管理活动是最基本的。具体而言，财务管理就是通过价值形式，对企业资金运动过程中的众多财务活动（如投资、筹资、分配收益等）进行计划、决策和控制，从而实现企业与各利益主体之间经济关系的正确处理，最大化企业价值，因此财务管理是一项综合性管理活动。

上述概念是从管理的角度来认识财务管理的，即认为财务管理是一种管理活动，而管理的核心是决策，所以财务管理是一个决策的过程。理解财务管理的含义，应当注意：一是财务管理是一种综合性的价值管理活动，综合性是财务管理最明显的特点，因为财务管理涉及企业资金运动的各个方面，包括生产经营活动、投资与融资活动等；二是财务管理作为一种价值管理活动，主要是围绕企业的投资决策、筹资决策和收益分配决策展开的，即财务管理的主要内容是投资决策、筹资决策和收益分配决策；三是企业财务管理与企业的资金运动密切相关，企业生产经营活动和各种理财活动实际上是资金运动的具体表现形式，因此也有人将财务管理概括为"管理资金的一门科学"。

（一）财务管理的两大核心概念

财务管理以一系列核心概念为基础，认识这些核心概念及其相互关系，有助于财务管理人员理解并运用财务管理的理论与方法。下面简要介绍财务管理的两大核心概念：货币的时间价值、风险与报酬。

1. 货币的时间价值

财务管理中最基本的概念是货币具有时间价值，即今天的1元钱比未来的1元钱更值钱。今天的1元钱可以为我们带来利息，越早获得收益越好。在经济学中，这一概念是以机会成本来表示的。

货币的时间价值（即资本的时间价值），指的是经过一定时间的投资、再投资后，货币所增加的价值。当人们在市场中投入货币后，伴随时间的延续，货币的数额呈现持续增加的状态，因此货币拥有时间价值，这是一种普遍的客观经济现象。

货币的时间价值原则首要应用的是现值概念。由于现在的1元钱比将来的1元钱经济价值大，不同时间的货币价值不能直接加减运算，需要进行折算。通常，要在"零"时点或"现在"这个时点，折算不同时间的货币价值，继而运算、比较现值。财务估值中，广泛使用现值进行价值评估。

货币的时间价值的另一个重要应用是早收晚付观念。

如果货币收支没有附带利息，那么宁可早收不要晚收，宁可晚付不要早付。货币在自己手上，可以立即用于消费，不必等待将来消费，可以投资获利，无损于原来的价值，可以有效应对未预料到的支付，因此早收晚付在经济上是有利的。如果不考虑货币的时间价值，就无法合理地决策和评价财富的创造。

2. 风险与报酬

为了把未来的收入和成本折现，必须确定货币的机会成本或利率。利率是基于对风险和报酬的权衡关系确定的。

投资者务必要权衡报酬与风险，或是接受较低的报酬以降低风险，或是宁愿承担较大风险以追求较高报酬。一般来说，报酬和风险的权衡关系，指的是收益很高的投资机会的背后风险更大；有些投资机会虽然有着较小的风险，但相对的不会带来很高的收益。

人们都倾向于高报酬和低风险，竞争则带来风险和报酬之间的平衡。不可能在低风险的同时获取高报酬。即使一个人最先发现了这样的机会并率先行动，别人也会迅速跟进，竞争会使报酬率降至与风险相当的水平。因此，市场中必然存在高风险同时高报酬、低风险同时低报酬的投资机会。

（二）财务管理的本质与特点

1. 财务管理的本质

财务管理与其他管理活动的本质区别在于财务管理是一种价值管理，具有综合性。它是利用各种价值指标，运用财务管理的专门方法和手段来组织企业的资金，以达到对资金的有效使用以及合理分配收益目标的过程。

2. 财务管理的特点

相较于其他管理活动，财务管理有着自身特点，其属于价值管理，重点是对利润、收入、成本、资金等价值指标进行利用，对一系列手段加以运用（如财务分析、财务控制、财务预算、财务决策、财务预测等），对企业中价值的形成、实现、分配进行组织，同时对这种价值运动中的经济关系予以处理。

财务管理综合性非常强。企业生产经营活动各个方面的效果、质量，大多可以通过反映资金运动过程和结果的各项价值指标反映出来，及时组织资金供应、有效使用资金、严格控制生产耗费、大力增加收入、合理分配收益，又能够促进企业有效开展生产经营活动，不断提高经济效益。

三、财务管理主要目标

（一）明确财务管理目标的重要性

企业理财活动渴望达到的效果，就是财务管理的目标。同时，企业理财活动是否合理的基本评价标准，也是财务管理的目标。[1] 我们必须认真研究财务管理

---

[1] 邹娅玲，肖梅崚.财务管理[M].重庆：重庆大学出版社，2021.

的目标，以实现财务管理理论的进一步完善，从而更好地对财务管理实践进行指导。理财环境的变化，能够通过财务管理目标被直接反映出来。同时，财务管理目标也能够根据上述变化，不断进行调整。在财务管理理论体系中，财务管理目标既是行为导向，也是基本要素；在财务管理实践中，财务管理目标既是出发点，也是其最终归宿。

想要将财务工作做好、做到位，一个大前提就是明确财务管理目标。对于企业管理而言，"企业财务管理"是其组成部分之一。因此，在明确企业财务管理整体目标时，一定要注意使其一致于企业总体目标，不能与之相悖。立足本质来看，企业的目标虽然是通过生产经营活动创造更多的财富，不断增加企业价值，但是不同国家的企业面临的财务管理环境不同，同一个国家的企业治理结构不同、发展战略不同，财务管理的目标在体现上述根本目标的同时也有其不同的表现形式。

（二）财务管理的总体目标

1. 利润最大化

之所以要将财务管理目标定为"利润最大化"，主要有如下三大原因：其一，人类之所以从事生产经营活动，就是想要将更多剩余产品创造出来，基于市场经济条件，人们可以通过"利润"这一指标，对剩余产品的多少进行衡量；其二，置身于自由竞争的资本市场中，获利最多的企业将最终享有资本使用权；其三，企业最大限度地对利润进行创造，才有可能最大化整个社会的财富，继而推动社会发展与进步。

将财务管理目标定为"利润最大化"有其优势所在，如果企业想追求利润最大化，就要对技术进行改进、对管理予以强化，重点考虑经济核算，实现劳动生产率的提升以及产品成本的降低。对于企业来说，上述措施对其合理配置资源都是大有裨益的，能够提升企业整体经济效益。

当然，我们也要认识到，将财务管理目标定为"利润最大化"，也有其不足之处。

首先，未能对资金时间价值与利润实现时间进行考虑。举例而言，今年的一百万元利润，与十年甚至几十年后同等数量的利润，有着不同的实际价值，十年间会有时间价值的增加，且该数值伴随贴现率的变化也将有所变化。

其次，未能对风险问题加以考虑。行业不同，所承担的风险也有所不同。对于不同行业而言，同等利润值的意义也有所区分。举例而言，我们不能将风险相对较小的制造业企业与风险较高的高科技企业相比较。

再次，未能对投入资本和创造利润之间的关系进行反映。

最后，有可能导致企业产生"短期财务决策"倾向，对企业长远发展产生影响。因为企业按年计算利润指标，所以企业决策通常也是为年度指标的实现或完成提供服务的。

2. 股东财富最大化

在上市公司，有两方面能够决定股东的财富，其一为股票市场价格，其二为股东所拥有的股票数量。如果股东拥有的股票数量不变，那么当股票价格攀至最高时，自然能够实现股东财富最大化。

股东财富最大化相较于利润最大化具有一定优势。

首先，将财务管理目标定为"股东财富最大化"，能够对风险因素进行考虑。一般而言，面对风险，股票价格的反应是十分敏感的。

其次，将财务管理目标定为"股东财富最大化"，能够在一定程度上对企业的短期行为进行规避。其原因在于，股票价格一方面受企业目前利润的影响，另一方面也深受企业未来利润的影响。

最后，对于上市公司来说，将财务管理目标定为"股东财富最大化"更容易量化，后续考核或奖惩都更加方便。

当然，将财务管理目标定为"股东财富最大化"，也并非没有缺点。具体而言，存在如下不足之处：

首先，一般来说，只有上市公司适合将财务管理目标定为"股东财富最大化"，非上市公司是很难这样做的。其原因在于，后者无法和前者一样，对股价进行及时、准确的获取。

其次，有很多因素都会对股价产生影响，尤其是企业外部因素，这些因素中还存在"非正常因素"。企业财务管理状况无法通过股价被完全准确地反映出来，举例而言，某些上市公司虽然濒临破产，但是由于正面临一些机会，股价反而仍在"一路攀升"。

最后，这一目标对股东的利益更为强调，从而忽视了其他相关者的利益。

3. 企业价值最大化

何为"企业价值"？我们可以这样理解——企业价值就是企业所能创造的预计未来现金流量的现值，或者用更简单的语句进行描述——企业所有者权益的市场价值。

那么，"未来现金流量"又是什么呢？主要有两方面因素：其一为资金的风险价值，其二为资金的时间价值。对未来现金流量的预测涉及风险因素和不确定性，正是基于资金的时间价值，折现计算现金流量，才能得出现金流量的现值。

在财务管理目标被定为"企业价值最大化"后，企业就要采用最优的财务政策，对资金的风险价值、时间价值与报酬之间的关系进行充分考虑，在确保企业长期稳定发展的前提下，力求让企业拥有最大的总价值。

将财务管理目标定为"企业价值最大化"也有其优势所在。

首先，对取得报酬的时间进行考虑，并通过时间价值原理加以计量。

其次，对报酬和风险之间的关系进行考虑。

再次，摆在首位的是企业持续的获利能力和长期稳定的发展，因而能够有效地规避企业为了追求利润进行的短期行为。原因在于，企业价值一方面受目前利润的影响，另一方面也密切关联于未来利润。

最后，将价格替代为价值，能够避免外界市场因素的过多干扰，从而也能对企业短期行为进行有效规避。

当然，将财务管理目标定为"企业价值最大化"，也有一定的不足之处。

一方面，"企业的价值"理论化过强，操作不便。虽然对于上市公司来说，企业价值的变化一定程度上能够通过股票价格的变化体现出来，但是，众所周知，很多因素都能对股价产生影响，尤其在资本市场效率低下的时候，企业的价值是很难通过股票价格被揭示的。

另一方面，对于非上市公司来说，想要确定自身价值，只有专门对企业进行评估一途可行，然而，在对企业资产价值进行评估时，受评估方式和评估标准的影响，所以评估结果的准确度、客观度是存疑的。

近些年来，上市公司越来越多，作用不断增强，因而人们广泛地认可了"企业价值最大化"这一目标。

4. 相关者利益最大化

现代企业是多边契约关系的总和。基于此，想要将科学的财务管理目标制定出来，优先要考虑的，就是企业发展会受哪些利益关系的影响。

置身市场经济，企业的理财主体更为多元化，也更加细化。企业的所有者是股东。在企业中，股东有着最大的权利，也承担着最大的义务，背负着最大的风险，也获得最高的报酬。同时，我们也要意识到，还有一些相关者也在为企业承担着风险，如供应商、客户、企业经营者、员工、债权人等。下面本书对这些风险进行简要阐述：

首先，由于越来越多的企业举债经营，且不断扩大举债规模、比例，因而债权人也承担着越来越大的风险。

其次，现如今社会分工正不断细化，复杂劳动增加、简单劳动减少，因此企业职工也承担着更多的再就业风险。

再次，在现代企业制度中，企业经理人接受所有者委托，以"代理人"身份对企业进行经营与管理。由于当前市场形势复杂多变，市场竞争日益"白热化"，代理人也要承担更多的责任，相对应的便是更多的风险。

最后，在经济全球化以及市场竞争的影响下，企业与供应商之间、企业与客户之间，并非如原来一样是单纯的买卖关系，而是演变为一种长期的伙伴关系，他们在同一条供应链上，一起与其他供应链竞争。所以，企业的供应商与客户实际上需要和企业共担风险。

通过上述阐述，不难看出员工、供应商、客户、企业经营者、债权人都属于企业的利益相关者，在对企业财务管理目标进行确定时，应当重视、考虑这些相关利益群体的利益。

将"相关者利益"最大化作为财务管理目标，具有如下优势：

首先，对企业长期稳定发展大有裨益。将"相关者利益"最大化作为财务管理目标，代表着企业高度重视发展过程中各利益相关者的利益关系，对其加以考虑，并尽可能予以满足。如果立足股东角度研究投资，则很可能导致一系列问题。

在追求长期稳定发展的过程中，如果立足企业视角研究投资，则能对这些问题有效规避。

其次，对合作共赢价值理念进行体现，能够有效助推企业社会效益与经济效益实现统一。企业在对客户、股东、企业等利益进行兼顾后，就不再只是一个单纯牟利的组织，实际上，已经对部分社会责任进行承担。在追求自身最大化以及自身发展的过程中，如果企业考虑客户、债权人等利益相关者的利益，就会自觉依照法律开展经营、管理活动，对各种财务关系进行正确处理，对社会公众、集体以及国家的合法权益自觉地予以保障和维护。

再次，这一目标从本质来看，属于多层次、多元化的目标体系，对各利益主体的利益都能较好兼顾，将"相关者利益最大化"作为财务管理目标，有助于企业各利益主体彼此协调、彼此作用，在最大化股东利益、企业利益时，最大化其他利益相关者利益。简而言之，就是在将一块蛋糕（企业财富）做到最大的同时，让每个利益主体都能分到更多的"蛋糕"。

最后，将"相关者利益最大化"作为财务管理目标，有助于现实性与前瞻性的统一。举例而言，政府可以对社会效益进行考虑；员工可以确保工资福利最大；债权人可以寻求利息最大、风险最小；身为利益相关者之一，企业也有一套评价指标，如未来企业报酬贴现值。

如此，不同利益相关者都有自己的指标，只要相互协调、互惠互利、合法合理，就能使所有相关者利益最大化实现。

（三）财务管理的具体目标

企业为实现财务管理的总体目标，确定的各项具体财务活动所要达到的目的就是"财务管理的具体目标"。

1. 筹资管理的目标

要在筹资活动中贯彻财务管理总体目标的要求，首先，必须以较低的筹资成本获取同样多或较多的资金。企业筹资成本包括利息、股利（或利润）等向出资人支付的报酬，也包括筹资中的各种筹资费用。企业降低筹资过程的各种费用，尽可能使利息、股利（或利润）等的付出总额降低，就会增加企业的总价值。其次，企业必须以较小的筹资风险获取同样多或较多的资金。筹资风险主要是指到期不能偿债的风险。企业降低这种风险，就会使内含于企业价值中的风险价值相对增加。归结以上两点，企业筹资管理的目标就是以较低的筹资成本和较小的筹资风险，获取同样多或较多的资金。

2. 投资管理的目标

要在投资活动中贯彻财务管理总目标的要求，首先，必须使投资收益最大化。投资收益是与一定的投资额和资金占用额相联系的。企业投资报酬越多，意味着企业的整体获利能力越高，因而会在两个方面影响企业价值：一方面，已获得的投资收益会直接和实际地增加企业资产价值；另一方面，较高的投资收益有助于企业市场价值的提升。其次，由于投资会带来投资风险，因此企业在争取获得较高投资收益的同时还必须使投资风险降低。投资风险是指投资不能收回的风险。企业降低这种风险，会使内含于企业价值中的风险价值相对增加。归结以上两点，企业投资管理有着如下目标：通过较低的投资风险和较小的投资额，对同等的甚至较多的投资收益进行获取。

3. 营运资金管理的目标

对资金进行合理使用，使资金周转速度加快，不断提升资金利用效果便是企业营运资金管理的目标。

营运资金的周转实际上是一致于生产经营周期的。资金在一定时期内有着越快的周转速度，就能更好地对相同数量的资金进行利用，将更多的产品生产出来，从而获得更多的报酬和收入。因此，加速资金周转是提高资金利用效果的重要措施。

4. 分配管理的目标

对利润的分配形式、分留比例进行合理确定，实现企业潜在收益能力的提升，最终实现企业总价值提升，这就是企业分配管理的目标。所谓分配，就是在企业和相关利益主体之间，对企业获取的利润进行分割。

这种分割一方面与各利益主体的经济利益有关，另一方面也与企业现金的流出量有关，因而会对企业财务的安全性、稳定性产生影响。它不仅涉及各利益主体经济利益的多少，也会涉及企业价值的变动。企业必须通过分配，选择适当的分配标准和分配方式，才能既提高企业的市场价值和财务的稳定性与安全性，又能使企业的未来收入或利润不断增加，从而使企业市场价值不断上升。

第二节　财务管理环节与原则

一、财务管理的主要内容

财务管理是基于企业在生产过程中客观存在的财务活动和由此产生的财务关系产生的，包括财务活动和财务关系两方面的内容。

（一）财务活动

财务活动是指资金的筹集、投放、使用、回收和分配等一系列的活动。财务活动是资金运动的实现形式。在商品经营条件下，企业进行生产经营活动必须投入土地、劳动和资本等生产经营要素，能够增值的生产经营要素的价值即资金。企业的生产经营过程，一方面表现为生产经营要素实物形态的运动，即劳动者运用一定的劳动工具对劳动对象进行加工，生产出新的产品并将之销售，也就是供应、生产和销售三个过程；另一方面，随着生产经营要素实物形态的运动，其价值也在相应地运动，即与供应、生产和销售环节相适应，生产经营要素的价值也依次经过货币资金、储备资金、生产资金、成品资金和结算资金，最终重新回归货币资金形态，形成有规律的资金循环与周转。资金只有在不断的运动过程中才能实现保值和增值。资金的运动过程包括资金的筹集、资金的运用、资金的投放和收益的分配，因此，企业的财务活动具体表现为以下几个方面：

1. 筹资活动

筹资是指企业为了满足生产经营活动的需要，从一定的渠道，采用特定的方式，筹措和集中所需资金的过程。筹资活动是企业进行生产经营活动的前提，也是资金运动的起点。从整体上看，企业筹集的资金可以分为两大类。

（1）企业的股权资本

凭借企业内部留存收益、发行股票、吸收直接投资等形式而获得，形成企业的所有者权益。

（2）债务资金

通过向银行借款、发行债券、利用商业信用等方式取得，形成企业的负债。

在筹资过程中，企业一方面要确定筹资的总规模，以保证投资所需要的资金；另一方面，要合理规划筹资来源和筹资方式，确定合理的资本结构，使得筹资成本保持较低而筹资风险不变甚至降低。

2. 投资活动

企业在取得资金后，必须将资金投放使用，以期获得最大的经济效益。如果筹资后不投资，那么筹资就失去了意义，资金也将难以得到增值，并且还会给企业带来偿付资金本息的风险。因此，投资活动是企业财务活动的核心内容。

投资包括广义理解和狭义理解。投资的广义理解就是企业投入使用筹集资金的过程，既包括对内投资，如购置流动资产、固定资产和无形资产等，也包括对外投资，如购买其他公司的股票、债券或者与其他企业联营等。狭义的投资仅指对外投资。投资的结果是企业中一定资金的流出，并形成一定的资产结构。在投资过程中，企业一方面要确定投资的总规模，从而保障投资效益最大化；另一方面要对投资方向、投资方式进行合理选择，对合理的投资结构进行确定，使得投资收益保护较高，使投资风险不变甚至降低。

3. 日常资金运营活动

企业为了满足日常经营活动的需要，必定会发生一系列的资金收付活动。在日常生产经营活动中，企业需要购买原材料或商品，支付职工的工资和各种营业费用等，这表现为资金的流出；当企业把产品或者商品销售出去的时候，再次回收货币资金，这表现为资金的流入。以上因日常业务活动发生资金的流入和流出活动就是资金运营活动。资金运营活动是保持企业持续经营所必需进行的最基本的活动，对企业有重要的作用。营运资金在一定时间内有着越快的周转速度，企业能利用相同数量的资金生产出更多的产品，从而增加自身收入，获得更多报酬。因此，在日常资金的运营活动中，企业要采用科学合理的方法加速资金周转，实现资金利用效率的提升。

4. 收益分配活动

企业经过资金的投放和使用取得收入，并实现资金的增值。收益分配是作为投资的结果出现的，是对投资成果的分配。投资成果首先表现为各种收入，企业在弥补各种成本、费用、损失和缴纳税金后最终获得净利润。企业再依据现行法规及规章分配净利润；对公益金和公积金进行提取，并分别用于改善职工集体福利设施、弥补亏损和扩大生产；其余的部分分给投资者，或者暂时留存企业，或者作为投资者的追加投资。

伴随着企业利润分配的财务活动，作为公积金和公益金的资金虽然继续留在企业中，为企业的持续发展提供保障，但是分配给股东的股利则退出了企业。因此，如何确立合理的分配规模和分配方式，以确保企业取得最大的长期利益，对企业来说也是至关重要的。

财务活动的这四方面彼此依存、彼此联系。其中，筹资活动是企业资金运动的前提和起点，投资活动是筹资活动的目的和运用，日常资金运营活动是资金的日常控制和管理，收益分配是资金运动的成果和分配状况。这些活动彼此区分又彼此关联，共同组成完整的企业财务活动，对于财务管理而言，都属于基本内容。

（二）企业财务关系

企业在进行上述财务活动的时候，必然要与有关方面发生联系，这种企业在财务活动中产生的与各相关利益主体之间发生的利益关系即财务关系。现代企业是各生产要素所有者为了取得一定的经济利益，彼此之间签订的契约集合体，是在共同经济利益的基础上形成的新经济利益主体。这些由各方所达成的契约，是用来调节企业与各利益相关者之间的利益博弈关系的，也是用来协调财务关系的。一般情况下，企业的财务关系有以下几个方面：

1. 企业与政府之间的财务关系

完整的市场系统是由家庭、企业和政府三个相对独立的主体组成的。政府是一个提供公共服务、拥有政治权力的机构。在市场经济下，政府为企业的生产经营活动提供良好的公共设施条件，创造公平竞争的市场环境。同时，政府为了履行国家职能，还凭借其政治权力无偿参与企业收益的分配。企业应该遵守国家相关法律法规，特别是税法，应按时、足额地向国家税务机关缴纳税款，包括所得税、流转税、资源税、财产税和行为税等。企业与政府之间的财务关系反映了一种强制与无偿的分配关系。

2. 企业与投资者之间的财务关系

企业的投资者按照投资主体的不同可以分为国家、法人、个人和民间组织等。投资者向企业投入资本金，从而成为企业的所有者，参与企业剩余价值的分配，同时承担一定的经营风险。企业接受投资者的投资之后，成为受资者，可以利用所得资金运营、管理企业，并对其投资者承担资本的保值、增值责任。企业实现利润之后，应该按照投资者的出资比例或者合同、公司章程的规定，向投资者分配利润。所有权与经营权之间的关系，经由投资者和企业之间的财务关系体现出来。

3. 企业与债权人之间的财务关系

企业的债权人主要有商业信用提供者、贷款机构、债券持有人以及其他向企业出借资金的个人和单位。

企业在经营过程中，为了避免资金短缺、降低资金成本或是扩大企业经营规模，需要向债权人借入一定数量的资金。债权人将资金出借给企业之后，拥有按照约定期限收回本金和利息的权利，当企业破产时，对破产财产拥有优先受偿权。企业在获得债务资金后，必须按照约定定期付息、到期还本。从性质上看，债权人和企业的关系是债权与债务的关系。

4. 企业与受资者之间的财务关系

企业与受资者之间的财务关系，主要是指企业以购买股票或直接投资的形式向其他企业投资所形成的财务关系。随着市场经济的深入发展，企业由于发展战略和分散经营风险等原因，需要进行对外投资活动。此时，企业作为其他企业的投资者，必须按照投资合同、协议、章程等规定履行出资义务，出资后承担被投资企业的经营风险。受资企业获得利润后，按照出资比例或者合同、章程的规定，向投资者分配利润。因此，企业与受资者之间的财务关系也体现了所有权性质的投资与受资关系。

5. 企业与债务人之间的财务关系

债务人和企业的财务关系主要是企业通过提供借款、购买债券或者商业信用等形式，将资金出借给其他单位所形成的财务关系。企业将资金出借给债务人之后，有权按照合同的约定，要求对方定期付息、到期还本。当债务人破产时，企业拥有优先受偿权。债务人和企业之间的关系实则为债务与债权的关系。

6. 企业内部各部门之间的财务关系

企业内部各部门的财务关系，即企业内部部门与部门之间，在生产经营各环节中相互提供产品或劳务所形成的财务关系。企业内部各部门之间既要执行各自独立的职能，又要相互协调。只有这样，企业作为一个整体才能稳定地发挥其功能，实现预定的经营目标，这样在内部各部门之间就形成了提供产品和服务、分工与协作的"权、责、利"的经济关系。对于实行内部经济核算制的企业，这种关系体现在内部价格的资金结算上。企业内部部门与部门之间的资金结算关系实则对其利益关系予以体现。

7. 企业与职工之间的财务关系

职工与企业之间的财务关系，主要是企业在向职工支付劳动报酬过程中形成的经济关系。企业职工是企业的经营者和劳动者，他们以自身的体力劳动和脑力劳动作为参与企业收益分配的依据。企业应当基于生产经营过程中职工提供的劳动数量和质量，向职工支付工资、奖金，还应该为提高其劳动质量和数量发放福利、津贴等。如此，职工和企业之间的财务关系体现了共同分配劳动成果的关系。

上述财务关系广泛存在于企业财务活动中，体现了企业财务活动的实质，构成了企业财务管理的另一项重要内容。企业应该正确协调与处理财务关系，努力实现利益相关者之间经济利益的均衡。

二、财务工作管理环节

（一）财务预测

所谓预测，就是基于事物过去变动发展的某些规律性和客观过程，参照当前正在出现、已经出现的各种可能性，对统计和数学的方法加以运用，科学预计、推测事物在未来可能达到的水平或可能出现的趋势。预测是一个思考的过程，也是一种超前的思维，超前思维有助于各种决策的制定。

所谓财务预测，是为了决策正确，依照企业财务活动的历史资料，对现实条件、要求以及将要出现的变化因素进行考虑，运用财务预测方法，预计和测算企业未来财务活动及结果变动趋势的活动。复杂多变的现代市场经济，要求企业财务工作者能够预测市场需求和企业环境的变化，针对各种不确定因素，及时作出财务预测分析，为企业战略性的经营决策提供依据。

进行财务预测是为了降低决策失误的概率。所以，财务预测是财务决策的基础。财务预测的具体内容包括筹资预测、投资预测、销售收入预测、成本费用预测、利润预测等。

通常来说,财务预测有着如下工作程序:对财务预测的目的、对象进行预测,对有关信息资料加以整理与收集,选用特定的财务预测方法进行预测。财务预测应在分析相关资料的基础上进行。资料是指财务历史数据资料,是财务预测的依据。只有深入细致地了解企业财务活动的过去和现在,才有可能准确地判断它的未来。财务预测是在利用现代科学方法对有关资料进行详细分析的基础上进行的,个人不应当仅凭自己的主观判断进行臆测。财务预测虽然是决策的主要参考资料之一,但并不是唯一的依据。财务预测在财务决策中的作用越来越大,成功的财务预测会给企业带来丰厚的利润回报;反之,将会给企业带来巨大的损失。

(二)财务决策

财务决策指的是从财务战略目标的总体要求出发,采用专门的方法,在多个备选财务活动方案中,将最佳方案选出的过程。在市场经济条件下,财务管理以"财务决策"为核心,财务决策的成功与否直接关系企业的兴衰成败。财务决策的基础是财务预测。财务决策的一般程序如下:从财务预测的信息出发,将问题提出;对解决问题的备选方案进行确定;对各备选方案分析、对比、评价;将择优标准确定,继而选出最佳方案。

(三)财务计划及预算

1. 财务计划

计划是指为了执行决策、实现活动目标,对未来行动与工作的安排方案。它告诉人们为实现既定目标需要在什么时间,由什么人,采取什么办法,去开展什么活动。

财务计划是根据企业整体战略目标和规划,以财务决策确立的方案和财务预测提供的信息为基础,并通过制定财务政策、编制财务预算、设计财务规则、规定财务工作程序,规划财务活动的方案。财务计划主要通过指标和表格,以货币形式反映在特定期间(计划期)内企业生产经营活动需要的资金及其来源、财务成果及其分配情况、财政支出与收入。它是财务决策的具体化，也是财务控制的依据。

2. 财务预算

财务预算是根据财务战略、财务计划和各种预测信息，确定预算期内各种预算指标的过程。它是财务计划的分解和落实。财务预算具体包括销售预算、生产预算、成本预算、现金预算、资本支出预算、预计资产负债表、预计利润表和预计现金流量表等。财务预算的编制方法通常包括固定预算与弹性预算、增量预算与零基预算、定期预算与滚动预算等。

（四）财务控制

财务控制指的是对特定手段与有关信息进行利用，影响或调节企业的财务活动，从而达成既定财务目标的过程。如果不能有效地对财务活动施加影响或进行调节，就无法管理。财务控制措施一般包括预算控制、营运分析控制和绩效考评控制等。

如果企业想要将预算任务落到实处，确保实现预算，就要采取"财务控制"这一有效措施。通常来说，财务控制应当依照如下步骤进行：

第一步，将控制标准制定出来，对责任进行分解与落实。

第二步，实施追踪控制，对差异进行及时调整。

第三步，对执行情况进行分析，将考核奖惩落实到位。

（五）财务分析

财务分析这项工作，就是从核算资料出发，对特定方法进行运用，分析、评价企业财务活动过程与结果。

通过财务分析，企业能够对各项财务计划的完成情况予以了解与掌握，对财务状况进行评价，研究企业财务活动的规律性，并对其进行掌握，还能对财务控制、预算、决策、预测予以改善，实现企业管理水平和经济效益的提升。

具体而言，财务分析应当依照如下步骤进行：

第一步，对资料进行占有，对信息加以掌握。

第二步，对比指标，并对矛盾予以揭露。

第三步，对原因进行深入分析，将责任明确下来。

第四步，提出措施，并对工作加以改进。

三、财务管理原则

（一）资金合理配置原则

企业财务管理，就是管理企业全部资金，在运用这些资金后，其结果便是企业各种各样物质资源的形成。我们应当认识到，不同的物质资源归根结底应当有一定的比例关系。这里所说的资金合理配置原则，实质是依靠组织、调节资金活动，确保各项物质资源之间的结构比例关系是最优化的。

一方面，企业物质资源的配置情况是通过运用资金得来的；另一方面，资金结构也能将企业物质资源的配置情况表现出来。从一定时点的静态角度来看，企业资金结构是各种各样的，就资金占用而言，有产成品、在产品、材料的构成比例，有非货币性资金和货币性资金的构成比例，有无形资产和有形资产的构成比例，有流动资产和固定资产的构成比例，有对内投资和对外投资的构成比例，等等；就资金来源而言，有短期负债和长期负债的构成比例，有主权资金和负债资金的构成比例，等等。

在财务活动这个系统中，合理地配置资金，确保资源之间有着适当的构成比例，就能为生产经营活动运行顺畅提供保障，从而将最佳经济效益收入囊中；如若不然，很可能危及购买活动、生产活动、销售活动的协调，严重的还会对企业之兴衰造成影响。所以，如果企业想要保持经营的持续、高效，就要合理配置资金，将其作为必要前提条件。

企业资金运动以"各种资金形态的继起性和并存性"为一项重要规律，唯有在生产经营的各个阶段，以合理的比例对企业的资金进行配置，方能确保各种形态资金占用的适度以及资金活动的继起性，为生产经营活动的顺畅运行提供支持与保障。如果企业长期积压库存产品，难以收回应收账款，同时还没能运用有力、有效的调节措施，则必然会出现生产经营困难。如果企业未能对内部业务的资金需要予以优先保障，向对外长期投资大量注入资金，则势必会严重影响企业主营业务的开拓和发展。

从财务管理角度看，通过对资金的合理运用来优化配置企业资源，其实就是对企业各种资金结构的合理安排。企业无论进行收益分配比例决策、存货管理决策、投资组合决策还是资本结构决策，都要对资金合理配置原则一以贯之地遵循。

（二）收支积极平衡原则

在财务管理中，除了要确保各种资金存量始终处于平衡、协调的状态，也不能忽视资金流量的动态协调平衡，要对此予以经常性关注。

那么，究竟什么是收支积极平衡呢？从本质来看，资金既要在一定期间的总量上保持协调平衡，又要在各个时点上保持协调平衡。可以说，资金循环之所以能够周而复始地进行，在各个时点上资金收支的平衡是非常重要的前提与基础。

购买活动、生产活动与销售活动之间的平衡，从根本上决定着资金收支的平衡。因此，企业不仅要组织、管理好生产过程，也要在采购生产资料、销售产品方面抓好、抓到位，要齐抓共管购、产、销，将所有片面性悉数克服。唯有坚定不移地落实流通与生产的统一，让企业购买、生产、销售三个环节保持平衡、衔接得当，方能正常周转企业资金，同时获得应得的经济效益。

需要注意的是，面对收支中存在的矛盾，企业应当探索积极办法，主动解决，不能通过消极办法实现资金收支平衡。具体而言，想要实现收支平衡，就要做到增收节支，也就是人们常说的"开源节流"。

所谓节支，指的是对那些可以压缩也应当压缩的费用进行节约，不能削减那些在创收上起到决定作用的支出；相反，应对其予以充分保障。所谓增收，指的是对那些能够带来较高经济效益的营业收入予以再增加。当然，企业不能一味对暂时收入进行追求，盲目拼人力、拼设备，不顾质量、不惜工本，这是大错特错的。

同时，在发达的金融市场条件下，企业也可以通过短期投资、筹资，对资金的余缺进行调剂。在一定时期内，当资金出现入不敷出的状况时，企业要当机立断，及时采用多种方式对资金进行融通，如发行短期债券、办理借款等；假如企业有着较为充裕的资金收入，则可以选择恰当时机对债务进行归还，开展短期证券投资。

总而言之，在组织资金收支平衡问题上，企业一方面要从现有财力出发，对各项开支加以安排，做到"量入为出"；另一方面，也要积极支持关键性的生产经营支出，开辟财源，做到"量出为入"。唯有如此，方能将理想的经济效益收入囊中。无论对于编制现金收支计划，还是对于证券投资决策、筹资决策等，收支积极平衡原则的指导意义都是十分重要的。

（三）成本效益原则

在企业财务管理过程中，一方面要对资金的流量、存量进行关心，另一方面也要对资金的增量予以注重。所谓企业资金的增量，其实就是资金的增值额，形成于投资收益与营业利润。所以，企业要认真分析、权衡形成资金增量的两方面因素——成本和收益。

在财务管理过程中贯彻落实成本效益原则，就是要比较、分析经济活动中所得到的和所花费的，衡量经济行为的得失，让收益与成本呈现最佳结合状态，从而实现盈利最大化。

众所周知，如果企业想追求经济效益，就要让劳动消耗、劳动垫支尽可能减少，尽可能将更多、更优质的劳动成果创造出来，从而对社会不断增长的物质和文化生活需要予以满足。

置身社会主义市场经济条件下，企业主要通过以货币表现的财务指标来比较、计算劳动成果、劳动消耗与劳动占用。站在整体角度而言，成本费用和资金占用是劳动消耗和劳动占用的货币表现，营业利润和收入是劳动成果的货币表现。因此，在财务管理活动中对成本效益原则予以遵循，对于企业经济效益的提升来说是大有裨益的，能够最大化投资者权益。这正是由企业的理财目标决定的。

在筹资活动中，企业要面临对比分析息税前资金利润率和资金成本率的问题；在投资决策中，企业要面临对比分析各期投资收益额和投资额的问题；在日常经营活动中，企业要面临对比分析营业收入与成本的问题；在人员培训、材料采购、设备修理、劳务供应等方面，对经济得失加以对比分析的问题，都随处可见。对于企业而言，付出的一切费用、成本，旨在获得收益，都可以与相应的收益进行联系、加以比较。因而，无论针对哪方面进行财务决策，都要基于成本效益原则展开周密分析。

通过上述阐述，不难看出，成本效益原则实质上能够起到判断价值的作用。

因而，在财务管理之中，这一原则的应用价值也是十分广泛的。

（四）收益风险均衡原则

现如今，市场经济竞争愈发激烈，逐渐"白热化"，在这种情况下开展财务活动，显然是要承担一定风险的。

财务活动中的风险，其实就是预测财务成果获得时的不确定性。然而，我们都知道，企业想要得到利益，就需要承担一定的风险。因此，人们常说，机遇与挑战并存，收益就藏在风险之中。

企业在开展财务管理活动时，绝不能一味地对收益进行追求，而全然忽视了损失的可能性。企业在财务管理过程中贯彻落实收益风险均衡原则，就要全面分析每一项财务活动的安全性、收益性，在决定对各种行动方案进行实行时，务必要满足风险与收益适当均衡的要求，从而在实践中获得利益、规避风险。

在财务活动中，如果企业承受的风险较低，那么其获得的收益也相对较低；如果企业承受的风险较高，那么其很有可能得到的收益更高。举例而言，在流动资产管理方面，企业持有的现金如果较多，则能实现自身偿债能力的提升，债务风险自然相对降低。然而，众所周知，银行存款有着非常低的利息，将现金库存起来，更是完全没有收益可言的；在筹资方面，相较于发行股票，发行债券较小地影响着企业留用利润，这是因为发行债券有着固定利息率，同时可以在成本费用中列支利息，因而能够实现自有资金利润率的提升。然而，企业需要定期还本付息，面临的风险也是相对较大的。

不管对受资者还是对投资者而言，都要求风险与收益相适应。如果需要承担更大的风险，就会获得更高的收益。不过，不同经营者对待风险时也会表现不同的态度。有的经营者不愿冒过高风险，宁愿谨慎小心，获得少一些的收益；有的经营者不怕风险，愿意顶着巨大风险，只为获得更高利润。

当然，不管市场处于衰落状态还是繁荣状态，不管经营者有着进取的心理状态还是稳健的心理状态，都应当全面权衡、分析决策项目的收益与风险，从而对更有利的方案进行选择。尤其要注意适当地将收益低、风险小的项目和收益高、风险大的项目搭配在一起，"不把鸡蛋放在同一个篮子中"，对风险进行有效分散，从而使收益平衡于风险，在确保获得较高利益的同时也不必承担过高风险，不仅对风险进行最大限度的规避，还要将风险转化为给予，迎着危机研判对策，实现企业经济效益的提升。

（五）分级分权管理原则

那些有着较大规模的现代化企业，必须贯彻落实分级分权原则，依照该原则管理财务活动。

分级分权管理，是基于企业总部统一领导，对各职能部门、各级单位的权责关系进行合理安排，将各级各部门的积极性充分调动起来。在财务管理中，统一领导下的分级分权管理，就是民主集中制具体运用的表现。

在工业企业中，一般来说分为三级，即班组、车间和厂部。车间和厂部会对若干职能人员、职能机构进行设立，针对财务管理实行"统一领导、分级分权"管理，简单来说是依照管理权限结合管理责任、管理资金结合使用资金、管理资金结合管理物资的要求，对企业内部各单位在收入、成本、资金等管理方面的权责关系进行合理安排。

对于企业行政工作来说，厂部是指挥中心，厂级集中了企业财务管理的主要权力。同时，也将一定的权限下放到仓库、班级、车间等单位，将财务分级管理责任制建立起来。分级分权管理逐级分解企业的各项财务指标，向各级单位落实，各级单位要对财务指标（如资金占用、直接费用等）进行核算，同时定期进行考核，将物质奖励给予经济效益好的单位。

在对全厂财务管理工作进行组织、推动过程中，财务部门属于主管部门；产供销等部门对各项生产活动、经营活动的组织承担直接责任，对各项物资、资金进行使用，发生各项生产耗费，参与实现、创造生产成果。所以，不仅要对财务部门集中管理进行强化，也要分口管理各职能部门，从业务范围出发，对财务管理的权限与职责进行规定，对指标加以核定，并定期考核。如此，便能将各级各部门管理财务活动的积极性调动起来。

统一领导下的分级分权管理，包括群众管理结合专业管理的要求。产供销等部门的管理具有群众管理性质，企业财务部门是专职财务管理部门。一般来说，车间、厂部两级有专职财务人员，仓库、班组通过广大工人直接参与管理。因此，从某种意义上讲，统一领导下的分级分权管理就是民主管理在财务管理中的体现。

第三节 财务管理体制与环境

一、财务管理体制的概念

企业在不同的发展阶段，在不同的环境中，会选择不一样的财务管理模式。不同的经营管理团队，不同的财务管理理念，会形成不一样的财务管理风格。在外部环境和内部管理的共同要求下，企业会形成一套适合自身发展的财务管理体制。

财务管理体制，是指企业明确内部各层级财务权限、分清各层级财务责任与相关义务及权力的约束机制。财务管理体制实质上是企业内部具有一定约束力的调节机制，关键是各层级财务管理权限的合理配置，企业所用的财务管理体制决定了财务管理执行的效果、运行的模式等。因此，科学配置各层级财务管理权限，是明确各层级财务管理人员权利和义务，实现资源优化配置的前提条件。

二、财务管理体制的模式

不同的企业因为内部管理的需求不同，采用的财务管理体制模式（以下简称财务管理模式）是不一样的；同一个企业在不同的发展阶段，采用的财务管理模式也是不一样的。企业采用的财务管理模式应当能满足实现企业目标的需要。一般来说，企业财务管理体制的模式包括三种：集权型财务管理体制、分权型财务管理体制和混合模式的财务管理体制。

（一）集权型财务管理体制

所谓集权型财务管理体制，指的是企业集中统一各所属单位的全部财务管理决策，各所属单位无权进行财务决策，企业总部财务部门既参与并执行决策，在一些特殊情况下，还会对各所属单位的执行过程予以直接参与。

当企业采用集权型财务管理体制时，企业总部集中了企业内部的主要管理权限，各所属单位必须对企业总部的各项指令予以执行。

集权型财务管理体制的优势为：企业总部制定企业内部的各项决策，并进行部署，因而能够在企业内部充分展现一体化管理的优势，对企业的信息资源、智力资源、人才资源加以利用，尽可能实现风险损失、资金成本的降低，有力保障决策的制度化与统一化。

企业采用集权型财务管理体制，对于实现整个企业内部资源优化配置而言是大有裨益的，也有助于内部调拨价格的实行，便于内部防范汇率风险，对避税措施进行采取。

企业采用集权型财务管理体制的缺点：过度集权将导致各所属单位的积极性、主动性缺乏，活力不足甚至丧失，还可能由于相对复杂的决策程序而缺乏与市场相适应的弹性，错失市场机遇。

（二）分权型财务管理体制

分权型财务管理体制，指的是企业向各所属单位完全下放财务管理权与决策权，各所属单位只需向企业总部针对部分决策结果报请备案。

企业采用分权型财务管理体制，即在各所属单位分散企业内部的管理权限，在供、产、销、人、财、物等方面，各所属单位都有决定权。

分权型财务管理体制的优势：对于那些会对经营成果产生影响的因素，各所属单位负责人有控制的权力，再加上他们在基层工作，对实际情况非常了解，因而能够更及时地针对本单位存在问题采取行之有效的决策，将各项业务因地制宜地做好、做到位，对于经营风险的分散也是很有助益的，还能够为所属单位财务人员、管理人员的成长予以促进。

分权型财务管理体制的缺点：各所属单位在对财务活动进行安排时，通常立足本位利益，未能树立整体意识、全局观念，很可能产生一些问题，如利润分配无序、费用失控、资金成本增大、资金管理分散等。

（三）混合模式的财务管理体制

混合模式的财务管理体制，从本质来看是集权模式结合分权模式的财务管理体制，是企业执行集权下的分权，即企业对其管辖的子公司、分支机构等在所有重大问题的决策与处理上实行高度集权，企业管辖的子公司、分支机构等对日常经营活动具有较大的自主决策和管理权限的管理体制。

现代企业普遍采用混合模式的财务管理体制，混合模式的财务管理体制既有集权又有分权，在重大问题上实行集权，在日常管理中实行分权。

1. 混合模式的财务管理体制的特点

企业采用混合模式的财务管理体制，核心是"经营目标"和"发展战略"，在企业总部集中重大决策权，由企业总部高度集权；在日常管理中，企业管辖的子公司、分支机构等具有较大的决策权限。

从制度建设方面来看，企业应当制定统一的管理制度，对各层级财务权限和收益分配方案予以明确，企业管辖的子公司、分支机构等应当严格遵照执行，同时从自身情况出发，予以补充。

从管理方面来看，企业应当对企业总部的各项资源优势进行充分利用，集中管理部分权限。

从经营方面看，企业应当对企业管辖的子公司、分支机构等生产经营的积极性充分调动。企业管辖的子公司、分支机构等应当围绕企业经营目标和发展战略，以遵守企业统一制度为基础，将生产经营的各项决策自主制定出来。

混合模式的财务管理体制实质上是将集权模式与分权模式进行有效组合，在重大问题上由企业总部实行高度集权，统一调配资源，充分发挥企业总部的资源优势，实现企业的战略目标和经营目标。在日常的管理上，给予企业管辖的子公司、分支机构等较大的决策权限，充分调动企业管辖的子公司、分支机构等的积极性。混合模式的财务管理体制既可以避免所有问题统一决策带来的"水土不服"效应，又可以避免各自为战、各自决策带来的"利益冲突"问题。

2. 混合模式的财务管理体制在企业中的应用

选择集中模式或分权模式的财务管理体制来进行财务决策，要根据企业的内外环境综合考虑，至今都没有固定的思路或者现成模式。财务管理体制的集权模式与分权模式，需要考虑企业与其管辖的子公司、分支机构等之间的业务关系和资本关系的具体特点，从分权和集权的"利益与成本"关系作出综合判断。

对于实体企业而言，企业与管辖的子公司、分支机构等之间，通常在业务上有着某种联系，尤其是实施纵向一体化战略的企业更是如此，要求与管辖的子公司、分支机构等保持密切的业务联系。企业与管辖的子公司、分支机构等之间有着越密切的业务联系，就越有必要采用集权模式的财务管理体制；反之，则采用分权模式的财务管理体制。

在实际管理中,究竟是选择分权模式的财务管理体制,还是选择集权模式的财务管理体制,应当判断集权与分权的"成本与效益"。集权的"成本"主要是企业所管辖的子公司、分支机构等的积极性损失以及财务决策效率的降低,分权的"成本"主要是可能发生于企业所管辖的子公司、分支机构等财务行为与财务决策目标背离企业整体财务目标,以及财务资源利用效率的降低。集权的"利益"主要是能够实现财务资源利用效率的提升,协调企业财务目标,分权的"利益"主要是对各所属单位的积极性予以调动,实现财务决策效率的提升。

除此之外,分权与集权还应对如下因素予以考虑:管理者的管理水平、规模、环境等。企业与各所属单位的管理水平,取决于管理者的管理手段、管理水平、素质等因素,亦影响着财权的分散和集中。对于企业而言,加强管理水平较高,就会使财权更多地得到集中。如果管理水平较低,又有着过分集中的财权,则很可能造成更低的决策效率。

在实际工作中,很少有企业单纯采用集权模式或分权模式,而是根据企业的具体情况以及面临的内外环境综合考虑,一般采用混合模式的财务管理体制。在管理上,混合模式的财务管理体制更能发挥管理上的弹性,需要集权的时候能够集权,需要分权的时候能够分权管理,比较灵活,同时信息传递及过程控制能够及时地反馈和调整,可以满足成本效益的原则。因此,混合模式的财务管理体制在企业中得到普遍的应用。

三、财务管理环境的概念与分类

(一)财务管理环境的概念

立足系统论观点而言,"环境"指的是在研究系统之外存在的,能够影响研究系统的所有系统之和。所以,财务管理的环境,是由财务管理之外的能够影响财务管理系统的所有系统之和。例如,虚拟公司的兴起、电子商务的蓬勃发展、通信技术和信息技术的日新月异、经济全球化的浪潮、企业面临的市场状况、国家经济法规的完善程度、国家的政治经济形势等,都会深刻地影响财务管理。所以,上述几种都被涵盖于财务管理环境之中。

通过财务管理环境的概念，不难看出财务管理环境其实就是影响企业财务管理、财务活动的企业外部条件和内部条件，这个系统是多方位、多层次的，十分复杂，相互制约、纵横交错，影响着企业财务管理。

企业应当借助环境分析，实现自身财务行为适应、应变环境能力以及利用环境能力的提升，从而更好地达成企业财务管理目标。

（二）财务管理环境的分类

1. 按其包括的范围划分，可分为宏观理财环境和微观理财环境

宏观理财环境是指宏观方面的影响财务管理的各种因素，涉及众多内容，如自然条件、社会、政治、经济等。立足经济层面，宏观理财环境主要涉及金融市场状况、产业政策、国家经济发展水平等。通常来说，各类企业的财务管理都会因为宏观理财环境的变化受到影响。

微观理财环境指微观方面影响财务管理的各种因素，涉及产品的市场销售状况、生产经营活动、企业的组织结构等。通常来说，只有特定企业的财务管理才会受到微观环境变化的影响。

2. 按其与企业的关系划分，可分为内部财务管理环境和外部财务管理环境

企业内部财务管理环境指的是企业内部对财务管理产生影响的因素，如企业的生产经营周期、资产结构、经营规模、技术状况、生产状况等。内部环境比较简单，企业能够较为容易地对其进行把握与利用。

企业外部财务管理环境指的是企业外部对财务管理产生影响的因素，如国际财务管理环境、企业面临的市场状况、法律制度、经济形势、国家政策等。外部环境构成更为复杂，因此企业应当广泛搜集资料，认真加以调查，从而全面认识外部环境，深入分析研究。

3. 按其变化的情况划分，可分为静态财务管理环境和动态财务管理环境

静态财务管理环境是指处于相对稳定状态的，对财务管理产生影响的种种因素。对财务管理产生的影响没有太大起伏，相对平衡。所以，企业无须经常研究、调整静态财务管理环境，可以将其视为一种已知条件。具体而言，财务管理环境中的静态财务管理环境包括法律制度、地理环境等。

动态财务管理环境是指处于不断变化状态的，对财务管理产生影响的因素。

在财务管理过程中，企业应当对动态财务管理环境予以重点分析与研究，及时采取相应对策，实现对财务管理环境应变能力和适应能力的提升。具体而言，财务管理环境中的动态财务管理环境，包括市场经济体制下，资金市场的利息率之高低、资金供求状况，商品市场上的销售价格以及销售量。

四、影响财务环境的主要因素

（一）宏观财务环境

人们也用"外部财务环境"称呼"宏观财务环境"，指的是在企业外部存在的，对各个地区、部门产生作用，也对企业财务活动有所制约、影响的各种因素。

1. 经济环境

金融市场和金融制度、国家财政税收制度和税收政策、经济体制改革方案、国家的产业政策、国家的经济发展规划等，都属于经济环境。

企业的财务活动显而易见地受到经济环境的直接影响。除此之外，由于经济环境会影响国家文化、政治、法律，因而也会对企业财务活动产生间接影响。

地域不同，经济政策、经济制度、经济资源、市场发育程度、经济发展水平也不完全相同，这些都是对企业财务活动产生影响的基本因素。

（1）经济体制

人们也用"经济管理体制"称呼经济体制，指的是基于一定社会制度，生产关系的具体形式以及调节、管理、组织国民经济的方法、方式、制度、体系的总称。

在市场条件下，企业被国家赋予了决策权、经营权和自主权，企业要面向市场开展一切财务活动，也要从自身情况出发开展财务活动。因而，企业的经营方式取决于经济体制，同时经济体制也对企业的财务决策和财务行为产生影响。

（2）经济增长状况

受市场经济影响，经济发展有着一定波动性。在经济繁荣时期，经济稳步增长，公众收入持续增加，市场需求旺盛，企业有着良好的经营环境，拥有较为充足的资金，承担较小的投资风险，能够持续增加盈利，因而应当把握良机，将进一步开拓市场、增加投资、扩大生产。在经济衰退时期，经济增长速度放缓，企业销量和产量都不如从前，经营环境恶化，如果产品积压难以变现，企业就要通过筹资以对经营进行维持。

（3）经济政策

首先，货币政策。政府在宏观调控国民经济时，就是以"货币政策"作为一项重要手段。在市场经济条件下，货币政策对多方面产生直接影响，如市场运行、市场利率、公众收入、企业效益、经济发展速度、经济结构等方面。通常紧缩的货币政策将导致市场的货币供给量减少，也将导致企业资金紧张，经济效益"滑坡"，从而使企业承担更多风险。除此之外，公众也会出现收入下降问题，导致购买力随之降低。反过来看，宽松的货币政策能够实现市场货币供给量的增加，实现企业经济效益的提升，企业也会承担更少的风险。

其次，财政政策。和货币政策一样，财政政策也是相关部门对经济进行宏观调控时的"有力武器"。财政政策能够通过增减税率、政府收支规模等手段，对经济发展速度进行调节。当相关部门增加财政支出、降低税率、刺激经济发展时，企业就能得到更多利润，社会就业也会不断增加，公众能够获得更多收入。当然，反过来也是一样的道理。

最后，产业政策。相关部门以"产业政策"作为重要的经济结构调节手段。对于优先扶持、重点发展的行业，国家通常会提供特殊优惠政策，此时企业有望增加利润，有着较好的发展前景；对于那些限制发展的企业，国家通常会施加各种限制措施。所以，产业政策会对企业的收益、风险带来具体影响。

（4）通货膨胀

对于经济发展而言，通货膨胀会带来较为复杂的影响。通常对于投资市场的发展来说，虽然适当的通货膨胀是有益处的，但是，如果通货膨胀过度，就会破坏经济发展。

简单来说，通货膨胀就是货币购买力的降低，一方面，其不利于消费者；另一方面，其也不利于企业财务管理。通货膨胀主要表现在以下几个方面：利润虚增、筹资难度增大及成本升高、资金需要量迅速增加。

（5）金融市场

金融市场指的是资金需求者和资金供应者双方，依托某种形式展开交易，实现资金融通的市场。金融市场将各种选择机会和金融工具提供给资金需求者和资金供应者，从而让融资双方能够对资金自由且灵活地进行调度。

当企业对资金有所需要时，其可以在金融市场上选择适合的筹资方式，更好地筹集资金；在企业有暂时闲置资金时，也可以在金融市场上选择合适的投资方式，开展投资活动，实现资金使用效率的提升。除此之外，在金融市场交易中形成的，如证券指数、证券价格、汇率和市场利率等参数，都能够将有用的信息提供给企业，供其进行财务决策。

（6）市场竞争

在市场经济条件下，无论哪家企业都要面对市场竞争。企业之间、各产品之间、现有产品与新产品之间都存在有竞争关系，并涉及管理、人才、技术、设备等各个方面。

为寻求生存与发展，实现自身竞争力的提升，企业就要不断提升自己的产品质量、服务质量，确保相较于其他企业，自己能够提供更好的产品与服务。因此，企业要筹集充足的资金，并将这些资金投向新产品研究与开发，投向广告宣传与售后服务。如果投资取得成功，企业就会迎来发展机遇；如果投资遭遇失败，企业就会遭遇困境，严重的还要面临破产。

2. 法律环境

在市场经济条件下，企业总是要在一定的法律法规范围内开展经济活动。一方面，法律将一些规范提供给企业，使之在开展一些经济活动时务必遵守，继而约束企业的经济行为；另一方面，当企业合法开展各项经济活动时，法律也会为企业"保驾护航"。

有很多法律都涉及企业财务活动，如会计法、税法、公司法等。企业在境外投资时，需遵守不同国家、地区的法律。因为在不同时期，不同国家有着不同法律，所以企业在设立、经营、清算过程中，财务管理业务的繁简程度与要求也有所不同。除此之外，企业债权人、职工、经营者、所有者的利益也会受到较大影响。同时，由于不同企业有着不同性质，即便其经营收入数额相同，也需要缴纳不同数额的税款，获得不同的税后收益。无论是企业财务管理者还是企业经营者，都要对法律环境进行研究，防止产生法律纠纷，导致企业财务遭受损失。

3. 政治环境

政治因素也会影响企业财务管理活动，如国际关系的改变、国家法律与政策的变化、国内外政治形式的变化等，都会对企业财务管理活动产生直接影响或间接影响。特别是当企业进行境外投资时，面对的政治环境各有不同。一方面，各国或各届政府有着不同的政治稳定程度；另一方面，各国或各届政府对不同性质的企业有着不同的态度。

4. 文化与社会环境

企业财务管理活动也会受文化与社会环境影响，且这种影响十分重要，不容忽视。社会风俗习惯与文化传统，公众的文明程度、文化水平，不仅对人们的个人追求、工作态度、思维方式有所影响，也对企业的经营行为有所影响，继而对企业的财务管理活动与成果产生影响。

（二）微观财务环境

1. 企业组织形式

企业形式是多种多样的，即使有一定共性，不同类型的企业形式也会为财务管理带来不同影响。换言之，当有着既定的管理体制时，企业内部财务管理的权限分配和职责划分会因组织形式的不同有所不同。

当前，从投资主体、经济成分出发，我国企业的组织形式可被划分为如下几种：外商独资经营企业、中外合作经营企业、中外合资经营企业、私营企业、集体企业、国有企业、股份制企业等。企业的组织形式不同，在利润分配、资金来源方面也会存在较大差异，需要遵守不同的法律法规、财务制度。

在开展财务活动时，企业一定要从企业组织形式出发，对资金进行筹集与投放，对收益进行分配，将企业和各方面财务关系处理妥当。

2. 企业资产规模

企业资产规模是指企业拥有的资产总和，包括无形资产、长期资产、固定资产、流动资产。在一定程度上，企业资产规模能够对企业的资金实力进行反映。

大型企业有着雄厚的资金实力，通常会对大型的投资项目进行考虑，从而获取规模经济效应；小型企业有着较弱的资金实力，所以只在小范围内考虑投资项目。

当然，在对企业资产规模大小予以注重的同时，也要对其结构比例进行关注。企业的流动资产能够体现企业的营运能力，企业的固定资产能够体现企业的生产能力。企业的营运能力与生产能力一定要彼此配合，保持一定比例，如此方能确保企业生产经营活动的正常进行。如若不然，假使企业有着过少的流动资产、过多的固定资产，很可能导致固定资产闲置；相反，假使企业有着过少的固定资产、过多的流动资产，很可能难以满足生产需要。

企业不仅要对资金占用方面的结构比例妥善安排，还要对资金来源方面的结构比例妥善安排。具体来说，就是将借入资金和自有资金的结构比例、所有者权益和负债的结构比例安排好。企业在对自己的财务行为进行规划、制定财务决策时，要从自身的资产结构比例和规模出发，如此方能确保资金产生更大的经济效益。

3. 企业生产经营状况

（1）企业生产状况

①企业所处的生产条件。按照所处的生产条件，可将企业划分为资源开发型企业、劳动密集型企业、技术密集型企业，生产条件不同，所需的财务行为也不同，二者应相适应。

第一，技术密集型企业。拥有的先进设备较多，固定资产所占比重很大，因此企业需要对大量的长期资金进行筹集。

第二，劳动密集型企业。需要较多人力，固定资产所占比重较小，因此企业需要对大量的短期资金进行筹集。

第三，资源开发型企业。需要在勘探、开采等方面投入大量资金，且资金有着较长的回收时间，企业需要对较多的长期资金进行筹集。

②企业产品的生命周期。企业产品的生命周期，一般来说分为如下四个阶段：初创期、成长期、成熟期、衰退期。

第一，初创期。初创期指的是产品的研究、开发、试制、投产试销阶段，有着如下特点：消费者还未真正认可产品，有着较大的试制、推销费用和较高的产品成本，无论是销量还是盈利方面都称不上出色。

第二，成长期。成长期的产品试销成功，将市场初步占领下来，有着快速增长的销售量以及迅速增加的利润。

第三，成熟期。到了这一时期，企业间有着激烈竞争，在市场上该产品逐渐变得饱和，企业盈利水平也不断下降。

第四，衰退期。衰退期的产品变得老化，竞争能力越来越弱，开始进入"更新换代"阶段。不论是对整个企业还是对个别产品来说，不同产品的生命周期都会让企业在资金周转的快慢、产品利润的大小、产品成本的高低、产品收入的多少等方面产生较大差别。

所以，一方面，企业要根据产品所处阶段，及时采取合理的、适当的措施；另一方面，企业也要有预见性，对新产品进行开发，确保在同行业中始终具有竞争优势，处于领先地位。

（2）企业销售状况

在销售市场上，企业产品的竞争程度能够通过企业销售状况得到反映。按照竞争程度，企业所处的销售状况有如下几种：

①完全竞争市场。具有如下特点：较多的企业数量，较小的商品差异，主要由市场供求关系决定企业产品销售价格。

②不完全竞争市场。具有如下特点：较多的企业数量，在商品特性、服务、质量等方面品牌差异较大，所以产品价格也有所不同。在同行业中，那些有着更高品牌知名度、更优质服务、更好质量、更大生产规模的企业，竞争能力更强。

③寡头垄断市场。具有如下特点：很少的企业数量，企业之间的商品特性、服务、质量方面略有差异。对于自身产品价格，个别企业的控制能力较强。

④完全垄断市场。具有如下特点：该行业为独家生产经营，由独家企业对产品价格进行控制。

对于企业财务管理而言，企业销售情况带来的影响是十分重要的。当企业面对完全竞争市场时，因为产品销售量、价格很容易产生波动，承担较大风险，所以要对债务资金慎重利用；当企业面对寡头垄断市场或不完全竞争市场时，则应当对产品特色予以重视，将名牌产品创造出来，还应当将更多的资金投入产品开发、宣传和售后服务等方面；当企业面对完全垄断市场时，因为其产品有着"畅通无阻"的销售，没有较大价格波动，有较为稳定的利润，承担较小的风险，所以可以对债务资金较多利用。

4. 企业内部管理水平

所谓"企业内部管理水平"，指的是企业内部各项管理制度的制定情况和执行情况。针对企业财务管理而言，如果内部管理制度健全、完备，且能严格执行到位，那么企业财务管理基础就较为牢固，能够切实做到有章可循，使得企业财务管理工作有着较高的起点，能够更轻松地步入规范化轨道，将理想的理财效果带给企业。反过来看，如果企业内部未能建立健全管理制度，或是虽有制度，但制度并未得到严格执行，未能落实到位，那么，可想而知，企业财务管理工作将面临重重困境。如果置身这种情况中，就一定不能脱离实际，一味对企业财务管理提高要求，避免过急过高，要坚持循序渐进、逐步完善，一步步实现企业财务管理的规范与提升。

第四节　财务管理理念与作用

一、财务管理的基本价值理念

（一）资金时间价值理念

在实践中，我们会面临这样的现象：在不同时点上，一定量的资金所具有的价值是不同的。举例而言，过去的 1 元钱比现在的 1 元钱有着更强的购买力，现在的 1 元钱也将比未来的 1 元钱更为"值钱"。又如，现在我们有 10000 元，假如我们将之存入银行，银行提供 2% 的年利率，那么 1 年后，我们能够收获 200 元利息。因此，我们可以这样认为：现在的 10000 元和 1 年后的 10200 元相等，其原因在于，经过 1 年的时间存入银行的 10000 元得到了 200 元的增值，资金经过 1 年的时间价值就是这 200 元。

当企业的资金被投入生产经营后，经过资金的不断运动、生产过程的不断运行，伴随着时间推移，新的价值必将形成，资金也会得到增值。所以，在生产流通环节投入一定量的资金，将获得一定的利息和利润，继而资金的时间价值也将随之产生。

1. 资金时间价值的概念

所谓资金时间价值，也就是货币时间价值，指的是在不同时点上，一定数额的资金所体现的价值差额。更具体来说，就是在流通过程中，资金会伴随时间的推移产生价值增值。通过对企业的发展进行统筹分析，不难看出在投入运用资金和收回资金的环节中，不同时点上相同数额的资金有着不同价值，资金的价值差额也就此形成，资金的时间价值就是其表现。

2. 资金时间价值产生的原因

（1）资金时间价值体现货币资源的稀缺性

经济发展、社会发展势必要对社会资源进行消耗，现存的社会财富是由现有的社会资源构成的，将来的社会财富则是由在对这些社会资源进行利用后，创造出的物质产品、文化产品构成的。因为社会资源具有稀缺性，还能够带来更多社会产品，所以相较于未来物品，现在物品有着更高的效用。

在货币经济条件下，商品的价值体现就是"货币"，现在的货币被用于对现在商品的支配，未来的货币被用于对未来商品的支配，因此现在货币的价值比未来货币的价值更高，这是毋庸置疑的。市场利息率反映出社会资源稀缺性和平均经济增长，同时也是对货币时间价值进行衡量的标准。

（2）货币时间价值是流通货币固有的特征

在当前信用货币制度下，商业银行体系派生存款和中央银行基础货币共同构成流通中的货币。因为信用货币呈现出增加趋势，所以现有货币相较于未来货币，价值总是更高的。

市场利息率反映出通货膨胀水平和可贷资金状况，同时也对货币价值伴随时间推移不断降低的程度进行反映。

（3）货币时间价值是人们认知心理的反映

人类在认识上具有一定局限性，因此，总能更好地感知现存事物，难以清楚地认知未来事物，其结果就是人们普遍存在这样一种心理，即对现在更为重视，对未来予以忽略。如前所述，现在的货币能够对现在的服务和商品进行支配，对人们现实的需要加以满足；未来的货币只能对未来的服务和商品进行支配，对人们未来的需要予以满足（这种需要是不确定的），因此，相较于未来单位货币的价值，现在单位货币的价值要更高。如果想要让人们放弃现在的货币及其价值，就要支付相应代价，即利息率。

（4）资金时间价值产生的条件是借贷关系

由于普遍存在的借贷关系和高度发展的市场经济，资金的所有权和使用权彼此分离。我们都知道，财务管理就是管理企业的财务活动，企业再生产过程中的资金活动是企业财务活动的首要表现。企业财务活动是一种经济现象，是客观存在的。

资金的所有者向使用者转让资金使用权，为此，使用者必须向资金的所有者支付资金增值的一部分，以此充当报酬。资金使用的时间越长，占用的金额越大，所有者就会要求得到更高的报酬。资金时间价值产生的根本源泉，就是在周转过程中资金的价值增值。

（二）风险与报酬价值理念

1. 风险的概念

所谓"风险"，就是在特定条件下开展某项活动时，存在多种可能，其结果具有不确定性。之所以会产生风险，主要是因为决策者不能对未来事物的发展过程进行控制，以及信息的缺乏。风险既有不确定性，又有多样性。面对风险，企业虽然可以将可能出现的结果预估出来，同时事先估计各种结果出现的概率大小，但令人遗憾的是，无论如何我们都无法对最终结果进行确定。

风险是普遍存在的，也是客观存在的，在企业的财务活动中，无处不在，对企业的财务目标产生影响。因为企业经常在有风险的情况下开展财务活动，所以企业很可能因为那些难以控制、预料的因素而面临风险，产生损失。在实践中，如果没有收益只有风险，那么肯定无人愿意去冒险。因此，企业甘愿置身风险进行投资，最终还是为了对额外收益进行获取。所以，风险除了可能带来预期损失外，也可能为企业带来预期收益。

2. 风险的类型

企业主要面临两种风险，分别是非系统风险和系统风险。

（1）系统风险

系统风险，即人们常说的市场风险，是指在一定时期内对市场上所有公司产生影响的风险。公司外部的某个因素或多个因素引起系统风险，单个公司难以通过管理手段对系统风险进行控制，难以通过投资组合对系统风险加以分散，市场上全部投资对象都会受到系统风险的波及。

经济周期的变化、利率的变化、自然灾害、战争、政局波动等，都是常见的系统风险。

（2）非系统风险

非系统风险，是指在一定时期内影响市场上个别公司的风险。非系统风险实际上是因为某个影响因素或事件造成的只影响个别公司的风险，所以又称为非系统风险。非系统风险是随机发生的，只与个别公司和个别项目决策有关，因此，非系统风险可以通过管理手段、投资组合等进行分散，如技术研发失败、产品开发失败、销售额下降、工人罢工等。

根据风险形成原因的不同，我们可以进一步划分非系统风险，将其分为经营风险和财务风险。

经营风险指的是因为公司所处的生产经营条件出现变化，继而使得公司预期收益出现不确定性。经营风险的产生可能来自公司内部条件的变化，如管理理念改变、决策层思维改变、执行过程的偏差、员工不满导致的道德风险等；也可能来自公司外部条件的变化，如政策变化、竞争对手增加、顾客购买意愿变化等。由于公司所处的内外部条件变化，使公司在生产经营上面临不确定性，从而产生收益的不确定性，因此，公司应当加强经营管理，提高预测风险的能力。

财务风险指的是因为公司负债经营，导致未来财务成果具有不确定性。公司负债经营，一方面可以解决其资金短缺问题，为公司扩张、经营周转等提供资金保障；另一方面，可以获得财务杠杆效应，实现自有资金获利能力的提高。然而，公司原有的资金结构因负债经营发生了改变，同时负债经营也增加了固定的利息负担和还本压力，加剧了公司资金链的压力。另外，负债经营所获得的利润是否比支付的利息额更大，这也是不确定的。在负债经营中，资产负债率高，公司的负担就会越重，财务风险就会增加；资产负债率越低，公司的负担就会越轻，财务风险就会降低。所以，公司必须对合理的负债进行保持，如此方能实现资金获利能力提升，避免增加财务风险。

3. 风险报酬

风险报酬指的是决策者冒着风险进行投资，从而获得超过货币时间价值部分的额外报酬，是对决策者冒风险的一种价值补偿，又称为"风险价值"。

如前所述，企业是在风险环境中进行经营管理活动和财务活动的。在风险项目投资决策中，不同的决策者有不同的出发点，有的决策者力求规避风险，有的决策者敢于冒风险。一般来说,决策者冒着风险投资,主要是为了获取更高的报酬,冒的风险越大,就会获得越高的报酬;反之亦然。

从实践中我们可以得出,报酬和风险之间关系十分密切。通常而言,项目的风险越高,报酬也会越高;项目的风险越低,报酬也会越低。风险报酬的表现形式有如下两种:风险报酬率和风险报酬额,在实践中通常会用风险报酬率来表示。如果不对通货膨胀问题进行考虑,那么决策者投资风险项目所期望获得的投资报酬率是风险报酬率和无风险报酬率之和。

投资报酬率的计算公式如下:

投资报酬率 = 风险报酬率 + 无风险报酬率

其中,无风险报酬率是在没有风险条件下的资金时间价值。当决策者对某一项目进行投资时,其必然能够获得报酬。我们可以用存款利率或政府债券利率对无风险报酬率进行表示。风险报酬率指的是决策者投资风险项目,所得到的超过资金时间价值的额外报酬。

风险项目的风险报酬斜率的大小和风险程度的高低,都影响着风险报酬率,且与风险报酬率成正比关系。企业可以依照历史资料,采用直线回归法、高低点法,或由管理人员根据经验,对风险报酬斜率进行确定。

二、财务管理的地位作用分析

(一)财务管理在我国企业管理中的地位

1. 财务管理是企业管理的核心内容

企业管理从开始到结束都离不开财务管理,同时在企业管理的所有环节中,财务管理也都是必不可少的。企业财务管理的主要目的是,依托生产活动、经营活动,对最高的商业利润进行获取。

通过收集企业一段时间或一年的资产出入信息,并进行整合、处理,财务管理能够将企业的收支相对情况反映出来,对企业的盈利情况进行分析。同时,还能通过分析,发现企业财务管理中存在的问题与不足之处。

企业领导人员凭借财务管理的财务分析,能够及时、适当地对下一阶段的经营与决策作出调整,从而对更高的经济利益进行追寻。从这一角度而言,财务管理贯穿企业管理始终，有着极为关键、重要的作用，无法被其他管理部门取代。

2.财务管理与企业各种管理关系联系密切

在企业管理中，财务管理处于核心地位，这在无形中提出一项要求：财务管理必须密切联系于企业其他管理部门，其他管理部门也不能离开财务管理部门的参与，否则就难以运转顺畅、有效。

首先，无论是企业的生产活动还是经营活动，都要以资产为依靠。举例而言，企业在投资、融资时，是离不开企业财务管理的。

其次，为最大限度地获得经济效益，在对投资或生产经营活动进行制定时，企业一定要将相关的投资计划做好。此时，企业就要从财务管理的财务报告出发，展开综合分析，完成生产成本的控制，更好地开展投资计划。

再次，财务管理是综合管理企业的资产，涉及对企业资金的结算管理与预算管理。企业领导凭借财务管理的相关信息整合，方能真正确保企业盈利，让企业发展得更好、更长远。

最后，财务管理会对企业管理中消耗的资金进行数据统计、分析，基于此能够对企业的投资再生产起到更好的指导作用，从而实现扩大再生产与经济效益的提升。

（二）财务管理在企业经济管理中的重要作用

1.能够帮助企业实现自我监督

一般来说，企业的财务管理工作有着很强的自我监督职能，唯有充分发挥这一职能，方能让企业全面深入地了解自身实际情况，将发展策略有针对性地制定出来，并展开合理规划、科学管理。

同时，在企业具体经营和发展过程中，实现财务自我监督，有助于企业管理人员更明确地了解财产流动、资金流动，从而确保管理人员能够提供更好、更行之有效的决策，助推企业发展。

除此之外，在企业经营管理过程中，高度重视财务管理有助于良好地控制企业成本，降低损耗，从而确保企业资金状态处于相对安全的状态。

当然，还有一点不容忽视的是，企业财务管理的自我监督能够保证企业合法化经营，保障企业向良性、健康的方向发展。

2. 能够促进企业提升经济效益

在企业的实际发展过程中，实现利益最大化是最主要的目标，如此便能更好地立足整体，增强企业核心竞争力，奠定坚实基础，促进企业可持续发展。

在企业经济管理中，财务管理这部分内容是至关重要的，与企业基本目标是一致的。因此，在企业经营过程中，财务管理发挥着极大的价值和作用。

与此同时，在企业经营管理过程中，高度重视财务管理工作，也有助于指引企业决策与发展方向，确保企业资金安全，帮助企业在发展过程中规避风险，避免盲目投资、盲目发展情况的出现。

除此之外，合理开展财务管理工作有助于高效利用资金，实现企业成本的不断降低，对企业的资金投入结构不断优化、完善，帮助企业经营更加科学化、规范化，从根源处降低企业成本，继而打下坚实基础，助力企业进一步发展。

3. 能够帮助企业实现双赢的局面

当前，市场竞争日益激烈，已然到了"白热化"状态。在发展过程中，各企业如果想始终占据市场的一席之地，就不能落后于时代，要紧追其步伐，切实革新、优化企业经营管理模式，从而保证财务管理工作的开展吻合于市场需求。

因此，企业高度重视财务管理是很有必要的。立足整体进行研究、考量，对于企业财务管理而言，一方面要严格把控、管理资金流动情况，另一方面也会涉及人事管理、技术开发等方面内容。

同时，企业、客户也密切关联着财务管理，如果能够实现财务管理水平的有效提升，那么用户自然会有较为良好的体验，企业也能自然而然地树立良好形象。

除此之外，为对企业、客户的需求最大限度地予以满足，还应当高度重视信息技术，对市场资源进行有效利用，对企业资金进行合理管理，切实达到共享信息资源的目标，从而确保充分发挥财务管理的作用、价值，帮助企业对财务管理风险进行科学规避，进一步规范企业经营。

第二章 财务分析的基本内容

财务分析的形成基础是会计核算和其他有关的财务报告。[①] 本章节内容为财务分析基础内容概述，主要围绕财务分析的产生与发展、财务分析的原则与要求、财务分析的目的与内容、财务分析的方法与基础、财务分析的程序与意义展开论述。

第一节 财务分析的产生与发展

一、财务分析的产生背景

复式记账是财务分析的最早形式，19 世纪末 20 世纪初是财务分析产生并形成的时期，财务分析的初始用途是银行信用评估。

南北战争开始后，美国出现了修建铁路的高潮，经济一度繁荣，垄断资本形成，经济进入了帝国主义的阶段。垄断经济阶段不能够让市场平稳下来，反而让市场中的竞争更加激烈。竞争需要资金作为基础，于是企业纷纷向银行申请贷款。在产业资本的推动下，银行信贷业务迅速发展起来，金融业的发展又为产业资本扩充了更为理想的融资环境。在这种互动过程中，银行在竞争激烈的环境中，业务逐渐增多，资金需求者和资金需求量都在不断上升。银行在批准企业的贷款之前，需要对企业的还款能力进行评估，从而判断出企业能否及时将利息还清。为了保证银行的资金周转正常，减少银行主体面对的金融风险，银行家逐渐意识到，以前单凭企业经营者的个人信用、对企业经营状况的主观判断和经验估测作为放贷依据是不可靠的。所以，在批准贷款之前，银行对企业进行信用的评估和分析，

[①] 田秋娟，童立华，周谦.财务分析[M].上海：立信会计出版社，2018.

从而对企业的资金运转和经济活动情况有所了解，财务分析就在这一过程中产生了。

因为银行业在评估企业经营状况的过程中体现出了财务分析独特的洞察力，从贷款企业的实际经营状况出发，结合银行的放贷标准，作出专业的判断。所以，财务分析这一形式不仅被银行家广泛使用，许多企业家也十分认可银行业财务分析的结果。企业家在进行企业决策时，通常会将财务分析报告作为自己行动的指南。在企业与企业之间进行交易等活动时，企业家也会借鉴银行业对交易企业的财务分析，从而制定出有针对性、更加具体的经营方针。银行业的财务分析活动获得了更多人的重视，所有的银行都开始完善自己的财务分析内容，并通过建立完善的财务资料库，为其他企业和个人的经济活动提供专业的指导。

在经济社会快速发展的背景下，在社会生产内容种类丰富的同时，财务分析的用途也在不断变化。最初，金融机构只是用来评估企业还款能力的，随着战争和经济危机的到来，发展到大量从业资源和战争赔款的分析。所以，财务分析进入了一个新的发展阶段，即投资分析阶段，主要的分析任务也发生了一定的变化，收益性分析成为主流，分析任务的变化是财务分析非常重要的变化，正是这一变化，使得财务分析形成了专业的学科，极大地发展了财务分析。因为西方的发达国家利用财务分析的时间较早，所以财务分析的相关理论和技术基础比较深厚。在后来的发展过程中，财务分析还形成了一门学科。

在经济快速发展的社会背景下，经济活动的信息需求和供给成为财务分析产生的原因。财务分析的理论基础有会计学，会计技术是财务报表的基础，财务报表的发展为财务分析提供了支持，总而言之，财务分析的形成和发展在很大程度上依赖于会计技术的发展程度。下面是会计技术发展的四个阶段：会计凭证、会计账簿、会计报表、财务报表解释。这四个阶段的形成都是为财务分析做准备的。财务分析的目的是为报表使用者提供经营管理信息。

二、财务分析的发展进程

（一）财务分析在国外的发展进程

财务环境处于变化之中，企业的财务报告也随着环境的进步不断进步，并结合使用主体的需要进行相应的改进。从目前的反馈来看,使用主体对财务报告的改进方向有许多意见,认为财务报告的效用程度在逐渐减少。

从 1975 年英国会计准则筹划委员会的"公司报告",以及 1991 年英格兰和威尔士特许会计师协会(ICAEW)和国际会计合作委员会(ICAC)共同发布的"财务报告的未来模型"来看,财务报告的缺点已经被学界所认识。美国注册会计师协会于 1994 年也发布了一份研究成果,对财务报告中存在的不足进行了说明,提出了相应的意见。

随着企业经济环境的不断发展,人们提出了改革现有财务报告的意见。虽然这些改革的意见基本上来自会计的研究学者,但是也有很多来自财务报告的使用主体。改进财务报告的意见至今没有统一,但是《改进财务报告——面向用户》这一研究意见是非常有影响力的,这一意见由美国注册会计师协会的财务报告特别委员会所发表。其他意见还提到从索特的事项会计发展来的事项式报告,有学者认为这一事项式报告也能够成为财务报告改革的方向。学界的专家学者虽然针对财务报告的现状提出了种种意见和建议,这些声音也确实能够促进财务报告的创新发展,但是难免会存在一定的局限性,所以不能够完全解决财务报告中存在的问题,还需要我们进行进一步的探索。

财务报告还有很大的进步空间,在经济快速发展的现代社会,财务分析体系在财务报告的基础之上获得了许多发展。在 21 世纪,财务分析的创新主要在这两个方面有所体现:一是对传统财务分析指标体系进行了扩大化,二是提升了知识资本等无形资产的财务评价占比。

(二)我国财务分析的发展

我国财务分析思想出现的时间影响了我国财务分析工作开始的时间,20 世纪初,财务分析思想才真正应用到我国财务工作中。在那时,我国的企业家和外国银行也开始了对企业经营活动水平和偿还贷款能力的测定。但是很少有人会从会计核算的角度出发进行分析,所以这样的财务分析存在不足。中华人民共和国成立之后,财务分析虽然正式成为我国企业经济活动分析的一个重要部分,但是财务分析在当时的计划经济体制下,发挥不出太大的实际作用,一般的任务是评估企业的经济活动计划完成情况。财务分析自改革开放以来,逐渐发挥出其在经济领域中的作用，并被相关的经济活动主体所重视。财务分析不仅在经济活动中的作用得到了发挥，财务分析的内容也融合了财务管理、管理会计学等其他学科的知识。财务分析并没有形成一个独立的学科体系，直至20世纪90年代，仍未建立完整、独立、适应我国市场经济体系和现代企业制度需要的财务分析课程体系。所以，构建起独立的财务分析学科体系就成为大势所趋。

在我国，过去将财务分析称为经济活动分析，理论界对其产生的说法不一。李宝震在《论会计在经济管理中的重要作用》一文中认为，经济活动分析随会计一起产生和发展。

唐元和八年（813年），在宰相李吉甫所著的《元和国计簿》中，对财政困难的原因进行了论述，提出军费对政府财政的消耗。有的学者认为，《元和国计簿》是我国最早论述经济活动的专著。多数人认为，这本专著应被看作我国会计理论发展史的一个里程碑，不应作为分析的开始。

1949年前，虽然学术界中对于经济活动分析的研究并不多，但是依旧有少数的财务分析相关研究，比率分析法是最常使用的分析方法。学术界中的专著数量较少，只有一些国外学者所作，后来翻译成中文的国外专著，相关内容的研究文章数量也不多，如1947年《现代会计》第八期中的《销售毛利变动的分析》、1940年《会计学刊》第三期中的《成本会计与成本变动的分析》、1939年《会计学刊》创刊号中的《决算报表与分析》等。

中华人民共和国成立后，1951年11月召开了全国第一次财务管理和会计工作会议，在这个会议上对国营企业财务报表的使用作出规定。到1952年年初，国家统一颁发了《国营企业决策报告编制暂行办法》，为开展企业财务报表分析奠定了基础。1952年后，企业开始进行财务报表分析。

1953年前后，高校开设经济活动分析课程，使用苏联教科书和中国人民大学补充教材《新中国国营企业经济分析特点》。

1955年，国务院制定了《国营企业决算报告编送办法》，明确规定企业必须编送财务状况说明书，其内容包括：一是生产、基建、劳动工资、供应、销售、成本、财务等计划的规定完成情况，二是财务情况分析，三是损益原因分析，四是成本分析，五是流动资金的运用情况，六是固定资产的利用情况，七是企业奖励基金等特种基金和其他预算拨款的使用情况,八是财务会计工作的情况和今后的改进意见。以上内容在年度终了要详细汇报,季度终了可以简略汇报。

1957年10月,《工业企业经济活动分析》作为第一本经济活动的分析教科书出版。在这一时期,我国学术界出现了很多相关的经济活动分析文章。

1980年1月,中国会计学会成立,有力地推动了会计理论研究。杨妃琬教授和阎达五教授率先提出了"会计的本质是一种管理活动"的观点,第一次突破了传统"工具论"的提法。会计不仅具有反映和记录经济活动情况的功能,还能够参与经济决策的制定,对经济的前景进行预测,对经济的活动进行监督,计算经济的实际效果,分析实际的经济情况。

1980年10月,财政部召开全国会计工作会议,研究如何适应新形势,进一步发挥会计的作用,更好地为"四化"服务。在这以后,经济活动分析的相关实践和理论得以进步。

财务与会计制度在20世纪90年代获得了一定程度的变革,这一进步的成果是从我国企业财务分析和财务报表分析的实践中发展来的。

第二节　财务分析的原则与要求

一、财务分析的基本原则

在进行财务分析之前,需要从基本的财务分析原则出发。基本原则是财务分析信息真实、可靠的有效保证,也是财务工作内在要求的集中反映。我们现在提到的基本原则都是从财务分析工作中精准提炼出来的,在长期的实践中得到验证,从而成为财务分析工作的纲领。以下是财务分析的三个基本原则:

(一)实事求是原则

财务分析工作需要从企业的实际发展情况出发,展开财务工作。由于企业在会计计量、会计处理方法选择等方面的不一致,加之主观因素的干扰,财务分析所提供的信息有时并不能真实地反映企业财务状况和经营成果。因此,在进行企业财务分析之前,应采用一定的方法对有关数据资料进行核查、修改与调整;财务分析工作者还应深入实际，掌握第一手资料，尽可能使分析结论符合企业的实际情况。因此，实事求是原则要求财务分析从业者认真遵守相关的工作规定，并且按照实际情况，对财务中出现的问题进行发现和揭露，从而促进企业的进步和发展。实事求是并不意味着一个问题按一套标准处理，要从具体的情况出发，考虑事情的特殊性，对特殊的事情进行特殊化的处理，从不同的层面分析影响对象的不同因素，从而找到企业情况变化的具体原因。

（二）成本效益原则

处理任何一项财务方面的工作，都必然会损耗一定程度的人力、财力和物力，所以就要从成本效益原则出发。成本效益原则要求人们从实际利益角度考虑，研究出效果最好的经济发展方式。分析工作人员应十分重视每一份分析工作所费成本与其可能取得的效果之间的对比关系，为此应注意：第一，当某一具体分析对象在整个分析指标体系中无足轻重，分析工作量又过大时，可予以舍弃；第二，当有些资料难以收集或某个数据难以认定时，可视情况从简处理；第三，由于事物的普遍联系性，某一财务指标的变动可能受若干因素的影响，在分析时应对主要因素进行分析与评价；第四，注意定量分析与定性分析的结合，对某些难以定量的问题，可采用定性分析方法。在成本效益原则中，时效性也非常重要，要及时展开分析，找到问题的症结，防止矛盾的扩大。企业在做各种财务决策时，要从能否实现的角度考虑，这样就能够更好地解决风险问题，总结出实际的经验，为财务活动的开展提出专业性的建议。

（三）可理解性原则

财务信息不断转换和加工的过程就是财务分析过程，财务分析的最终目标就是为企业的领导者和决策者提供相应的信息。所以，财务信息应该较为直白，易于理解。如果专业化程度过高，或者是模棱两可，都会为使用者带来理解上的难度，财务分析发挥的作用也就受到了限制。可理解性原则是针对这一问题提出的，财务的相关信息不仅要能够被财务领域的专业人士所接受，还要能够被广大的信息使用主体接受。这些信息能够促进问题的公开，并收集有效的发展意见，为财务分析工作的进步提供理论基础。信息的可理解性还能够提升企业员工的工作积极性，不仅能够提升工作的效率，还能够调动员工在生产过程中的创造性。

二、财务分析的基本要求

为了做好财务分析的相关工作，不仅要掌握财务分析的基本原则，还应该从以下的几个要求出发：

（一）创造与完善财务分析条件

我国虽然已经建立起了一套完整的会计准则和会计制度，但是在完善程度方面还有待提高，现在的财务分析资料还不能够满足所有使用群体的需要，所以我国目前企业制度改革的主要内容就是建立完善的企业制度。

（二）学习与掌握财务分析方法

为了做好财务分析的相关工作，不仅需要从不同的方面掌握好外部和内部的信息，还需要提高从业人员的专业水平。如果企业的信息资料水平得到了提高，但是没有相关的财务分析人员对这些资料加以利用，那么得出的分析结论也可能是错误的。

（三）建立并健全财务分析组织

现代的企业制度在不断地完善，企业内部的财务分析也将形成自己的体系和规范。所以企业就必须从财务分析组织的建立和完善上入手，为企业的经营提供信息分析等方面的便利。

三、财务分析的具体要求

不同的信息需要者对财务分析的目的、要求也不尽相同。

（一）国家政府部门的要求

国家政府部门包括企业主管部门、财政部门和税务征收部门等。它们进行财务分析的目的是了解企业遵纪守法、合理纳税的情况，全面地掌握财务分析的各种信息，将其作为企业的指导依据，同时监督企业贯彻各项政策方针，及时掌握经济动态和合理调整行业结构。财政部门和税务征收部门更偏重于了解企业盈利能力和现金流量指标的实现情况，以便督促企业上缴利税，保证国家财政收入。

（二）债权人的要求

所谓债权人，是指提供贷款的机构或个人。按借贷的期间，借款可分为短期借款和长期借款，以1年为期划分长期借款、短期借款的界限。短期借款由银行和金融机构借出，还款有时间的规定，在还款时还需要支付一定的借款利息。其他短期借款则是被借款者提供商品和劳务形成企业的应付账款。另外，还款时限较长的借款称为长期借款。长期借款也是由银行和金融机构借出，企业申请租赁、企业发行债券是长期借款的两种形式。不论长期借款还是短期借款，其共同点在于债权人与企业已形成债权人与债务人关系。因此，债权人极为关心企业的财务状况，为确保其不造成损失，债权人在进行借款决策前必须对企业财务报表进行严格的审查与认真的分析。企业借款的偿还是以经营过程中获取的利润作为来源的，所以债权人不仅要分析企业是否有经济能力偿还贷款，还要考虑企业经营活动的盈利情况，从而作出正确的信贷决策。

（三）投资者的要求

投资者为了更好地了解企业的经营状况，开始利用财务分析报表进行分析。盈利越多，投资者分得的股利越多；盈利越少，投资者分得的股利越少；没有盈利，不得分配。如果企业亏损，则投资者要按投资比例承担损失。股东既是资金供给者，也是企业风险的承担者，这是因为在正常经营过程中，企业必须先支付债权人的利息、再分配优先股的股利，之后才能分配普通股的股利。一旦企业发生亏损，其资产必须在清偿负债及优先股股东权益后有剩余时，才能分配给普通股股东，所以普通股股东权益需要承担所有的经济风险，从根本上看有一定的残余权益。由于上述原因，普通股股东对财务分析的重视程度远超过其他债权人和投资人。股东最关注的问题是股票的价值，股票价值主要受企业盈利能力高低的影响。除此之外，投资者还要联系企业的产业环境、竞争地位、资本结构、管理水平等因素，对企业的财务状况和营运绩效进行全面评价。

(四)企业管理者的要求

财务管理是企业管理的主要组成部分,企业管理者不仅要对个人负责,还要对企业及国家负责。企业管理者应包括企业领导、财会人员和其他职能部门管理人员。企业管理者只有深入了解企业财务状况、经营成果和各种财务经济信息,才能应付不断变化的客观情况,财务分析能力为此作出最大的贡献。财务分析的从业人员要能够向企业的管理部门提供相关的财务分析资料,以便于管理者随时掌握企业动态,借以作出合理决策。企业管理者对财务分析的要求如下:

第一,财务报表是对企业日常核算的总结,财务分析应对企业会计核算和财务管理各环节的工作状况作出正确的评价;第二,财务分析是对企业经营状况情况的集中反映,企业管理者应在总结分析中发现各职能部门工作是否协调配合,以发现薄弱环节,落实管理责任;第三,企业管理者在对各项主要财务指标变动情况进行分析时,将对外报表分析与内部报表分析结合起来,以便确定影响财务指标变动的原因,肯定成绩,发现问题,并寻求解决问题的措施;第四,在系统的财务分析中,企业管理者应将错综复杂的数字资料化繁为简,结合本企业的特点和历年情况,把定量分析和定性分析结合起来,对企业财务状况和经营成果作出综合评价;第五,企业管理者应通过财务分析科学地规划未来,预测财务比率变动趋势,把事后分析与事前分析相结合,提出合理化建议和预警报告。

(五)注册会计师的要求

注册会计师分析财务的目的是企业财务活动的合法性和效益性。注册会计师站在中间立场,公正、严格地检查报告并提出查账报告书,明确提出被查核企业的会计处理是否符合《企业会计准则》,注册会计师一般运用审阅、核对、对比等方法进行分析,主要审阅报表编制是否符合制度规定;核对报表与账簿、报表与报表之间数字是否相符;对比分析报表主要项目的本期与前期、实际与计划数字有无不正常的增减变化。此外,注册会计师对财务报表所提供的数据调整与分析,寻求其相关性、比率变化和趋势分析等,发现错漏或舞弊情况应追查原因。按规定,企业年度财务报表应在规定时间内由中国注册会计出具审计报告,并报送主管机关。注册会计师一般根据工作任务结合案例分析,对财务报表进行审查与分析,按时出具审计报告。

第三节 财务分析的目的与内容

一、财务分析的目的

（一）满足经营管理者作出经营决策的需要

企业的经济活动受到多种因素的共同影响，在日常的市场经济环境下，挑战和机遇是共同存在的。企业如果想要获得成功，就需要从激烈的竞争环境中找到自己发展的机会，从而解决发展中的所有难题，从根本上避免企业发展中可能会遇到的各种风险。这就需要经营管理者从制定决策的角度考虑，决策的制定源于对本行业企业财务分析的情况了解，只有对有关的经营情况有所了解，才能够为企业的发展贡献力量。

1. 全面评价企业的经营绩效

系统的财务指标能够反映出企业的总体财务目标。企业从自己掌握的信息情况出发，对财务指标的具体情况进行分析，如企业的资金使用是否正确，企业资产的构成是否合理，企业经济目标的实现情况如何等。如果实际情况和制定目标产生了差异，就应该立刻深入分析差异产生的具体原因，找出财务目标实施的具体环境，从而改进环境中不利于企业发展的因素，发挥好有利的因素，让财务目标更好地实现。

2. 挖掘企业经营潜力，提高经济效益

企业不仅要对之前的财务情况做好分析和判断，还应该分析企业发展中存在的潜力，如物资资源的使用情况、销售的具体范围、成本的降低可能等因素。我们应该从财务的具体指标出发，寻找指标之间的相互联系，总结财务变动的因素，并使用相应的计算方法分清指标变动的主次关系，采取相应的方法和手段，发现财务指标的相关潜力，并将这些影响的因素运用到实际的企业生产过程中。

3. 预测企业的未来发展趋势

财务分析要从财务指标的实际变化情况出发，对未来的企业状况进行预测，并为企业的生产提供有关的信息。

(二)满足债权人作出信贷决策的需要

财务分析帮助债权人了解企业的资金运转情况。短期债权人在决定放贷之前,就需要对企业的支付能力进行提前的判断;在判断企业资金的运转情况时,可以参考流动比率等财务的指标。长期债权人在决定贷款之前,需要对企业偿还利息的实际能力作出判断,参考的指标有盈利的稳定性、具体的盈利情况、企业的负债水平等。

(三)满足外部投资者作出投资决策的需要

如果企业的外部投资者需要对企业经营能力进行了解的话,就可以从财务分析的方法中考虑。投资者的利益和企业的利益息息相关。企业的实际经营情况决定了投资者的成功与否。企业的实际投资者关心企业的总体经营状况,不仅要了解企业目前的获利能力,还需要评估企业的未来发展潜力。

(四)满足政府部门管理和监督企业的需要

国家和相关的政府部门在管理方面具有以下作用:政府要关注企业在进行经营活动时,有没有按照国家的相关规定明确资金的使用来源,有没有按照国家的政策进行产品的销售和价格制定,有没有按照相关的法律规定缴纳应缴纳的税款,股份利益的分配是否合理等方面。在客观和全面的分析之后,需要对企业国有资产的价值作出准确的判断。

二、财务分析内容概述

财务分析的内容是财务分析的对象。财务分析的内容概括讲是企业的财务活动及其结果,也是企业一定时期的资金运动及其结果。由于企业的资金运动通常表现为企业的某一时点的财务状况和某一时期的财务成果及现金流量,因而财务分析的基本内容是企业的财务状况、财务成果和现金流量。财务状况是指一个企业的资产、负债、所有者权益结构及其相互关系;财务成果是指一个企业在一定时期的营业收入和营业费用以及经过配比计算出来的净收益;现金流量是指企业在一定会计期间的现金流入量、流出量和净流量。从财务会计报表分析的角度来看,由于企业财务状况的资料主要存在于企业的资产负债表中,故又称资产负债表分析；同样，财务成果或经营情况分析又可称为利润表分析，现金流量分析又可称为现金流量表分析。

财务分析是一项十分复杂且细致的工作。在进行财务分析过程中，除了依据上述财务报告外，有时还会用到日常会计核算资料（如会计凭证、会计账簿、财产清查、成本计算等）、计划或预算资料、生产技术方面的资料、产品（或商品）销售的情况、同行业其他企业发布的财务报告、调查研究所收集到的资料等。

由于企业财务分析以企业财务会计报告资料为主要内容，因此影响企业财务会计报告的诸多因素也是企业财务分析不可缺少的内容，具体包括会计准则、会计制度、会计技术方法、管理当局的会计政策选择、会计信息质量监管、相应审计报告、企业在分析期内发生的交易或事项的实质、企业并购与重组、关联方交易、合并会计报表等。

三、财务分析的具体内容

（一）按照财务分析的对象划分

财务分析的具体内容按照财务分析的对象，可分为资源状况及其构成分析、权益状况及其构成分析、资源结构与经济利益分割情况分析。

1. 资源状况及其构成分析

经济资源是企业进行生产经营活动必不可少的基础条件。企业经济资源在企业报告中主要表现为资产负债表的资产，资产总额说明企业拥有的经济资源的总量。企业拥有的经济资源的量通常用来说明一个企业的经济实力。企业经济资源的构成能够说明企业资源的分布及其结构状况，资源结构通常能够说明或代表企业资源的质量。企业资源的质量不仅能够说明企业资产的变现能力、偿债能力和盈利能力，还能够揭示企业资产的风险及企业成长能力等多种情况。因此，通过对企业经济资源状况及其构成进行分析，可以了解一个企业经济实力的强弱、运用资源的能力和潜力，同时还能分析管理者及其企业内部各管理层管理责任的落实情况，分析管理当局是否已认真履行其应尽的管理责任，达到评价企业资产能力的目的，将企业资产的情况了解清楚，并计算出企业未来一段经济活动所需要的资金。

2.权益状况及其构成分析

权益状况说明企业权益总额以及企业负债总额和所有者权益总额各为多少,说明企业资源所需资金的来源。权益构成说明以下几点:一是企业权益总额中负债和所有者权益的相对比例;二是各种负债在负债总额中的相对比例,如流动负债与长期负债的比例,以及各种所有者权益在所有者权益总额中的相对比例,如注册或实收资本与留存收益的比例等;三是企业权益所有者享有权益及所承担风险的不同,在权益总额中所有者权益占的比例较高,表明企业经营的风险主要由企业所有者承担,长期债务的清偿能力较强。反之,权益总额中负债比例较多,表明企业经营风险主要由债权人承担,长期债务的清偿能力较弱,等等。

3.资源结构与经济利益分割情况分析

资源结构既是指资产结构又是指权益结构,更是指资产结构与权益结构的内在关系。也就是说,某一项资产的风险及收益能力,不仅要看该项资产的风险和收益能力,还要看用在该项资产上的资金是通过何种渠道取得的。通过长期负债方式取得的资金的成本和风险应由占用该项资金的资产来承担;期末与期初资源结构的不同变化,反映了资源的变化方向与趋势,也反映了管理当局对经济利益的不同分割的具体态度和具体状况,说明企业经营及其成果最终增加或减少了谁的净福利。

(二)按照财务分析的目标

财务分析的具体内容按照财务分析的目标,可分为偿债能力分析、盈利能力分析、营运能力分析和发展能力分析。

1.偿债能力分析

偿债能力实质是指资产与权益的相互关系。偿债能力要求企业资产与权益成比例分布。因此,偿债能力分析包括对资产与权益的对比关系、资产质量及其结构、权益质量及其结构等的分析,一般可分为短期偿债能力分析和长期偿债能力分析两种。例如,流动资产与流动负债的比率表明企业的短期偿债能力,全部资产与全部负债的比率表明企业长期偿债能力等。企业偿债能力分析还需要分析企业在一定时期内的现金流量状况和现金的质量等内容。

2. 盈利能力分析

盈利能力实质是指企业利用其资源获取利润的能力,包括直接的盈利能力和企业营运能力。具体包括通过利润表中利润指标及利润额与业务量、资产等的关系可以分析企业的盈利能力、企业利润目标的完成情况;通过企业运用资源的能力,反映企业在获取利润的过程中如何不断提高资源利用效率,节约费用开支,进而提高企业盈利能力。

3. 营运能力分析

企业营运能力是指企业完全使用现有生产活动资源进行创造性转化的过程,包括企业资产的实际利用效率。营运资产是指维持企业日常经营正常运行所需要的资金,是企业的流动资产减去流动负债后的余额。这一观点为企业会计人员、一般信用调查人员、短期债权人和投资分析人员所主张,因为这些人员最关注的是企业的财务状况、信用状况及其短期偿债能力,只有扣除流动负债后的流动资产净额才是企业可以真正自由运用的资金。企业的日常经营活动在企业财务报表上直接反映为企业营运资金及其各项目的变化,通过对企业营运资金的分析,报表使用者可以得到各自关注的有关企业财务状况和经营状况的信息。

4. 发展能力分析

分析过去是为了预测未来。发展能力分析也是企业财务分析的重要内容。将不同时期的财务状况指标、盈利指标和现金流量指标进行对比分析,可以把握企业未来财务状况的趋向和盈利趋势,挖掘企业财务和盈利潜力,从而分析出企业发展的未来前景。

第四节 财务分析的方法与基础

一、企业财务分析的方法

财务报告和其他的相关资料是企业财务分析的主要内容,这些信息能够对企业的经营状况进行全面分析和评价,客观地反映出企业在经营过程中的利弊和具体趋势,从而为企业财务管理工作的发展和决策的制定提供更为客观的信息。

不同的利益主体考虑问题的侧重点也是不同的。第一，从企业所有者的角度考虑，需要关注企业投资收获的实际效益。普通的股东较为重视企业利息的发放是否公平。在企业中具有绝对话语权的投资者，会从增加企业实力的角度考虑，从而实现较长一段时期内利益的增加。第二，从企业债权人的角度来看，最需要关注的内容是债权是否稳定、安全。第三，从企业经营决策者的角度出发，必须了解企业经营的全面信息，如企业对社会发展的贡献能力、企业的收益水平、企业的偿债能力、企业的实际运营能力等，从而将潜在的问题消灭在萌芽之中，为企业经济的稳定发展贡献自己的力量。第四，政府部门在对企业经营情况进行调查时，不仅要从企业资金的实际使用情况出发，估计出企业的收入情况，还需要对社会资源的配置进行调查，并使用财务分析的具体信息，调查企业是否按照法律规定进行生产经营活动。

（一）比较分析法

为了将财务信息之间的关系说明清楚，也为企业决策的制定奠定基础，在分析时通常会使用比较分析法。这种比较可以是静态的，也可以是动态的，还可以使用不同企业相比较的方式，如本企业和其他企业的比较等，这是一种强度比较的方式。

（二）趋势分析法

趋势分析法主要通过确定财务报告中的相同目标，并进行比较的方式，比较的内容有幅度、数额和方向，可以很好地将企业经营成果和财务具体状况的具体变化体现出来。趋势分析使用的数据可以是绝对的数值，也可以是百分比的数据，都能够将变化的性质和原因体现出来，也是预测企业发展的一个具体方法。趋势分析法有以下三种具体的使用方式：

1. 对重要的财务指标进行比较

对不同时期财务报告中的相同指标和比率进行分析之后，可以得出指标的具体变动情况，总结指标发展的趋势，预测指标的未来发展前景。这种对指标进行观察分析的方法也叫作动态分析方法。定基动态比率需要一个固定的基期指标数值，从而对其他数值进行分析。定基动态比率的计算公式为：

定基动态比率 = 分析期数值 / 固定基期数值。

另外，还有环比动态比率的概念，这一动态比率以分析期的前期数值作为基期数值，计算的公式为：

环比动态比率＝分析期数值／前期数值。

2. 对会计报表进行比较

比较的方式是将连续多期的会计报表金额进行比较，比较的主要内容是指标的增减和变化程度，从而判断出企业财务的具体情况和变化，在使用这一方法时最好计算出两个数值，也就是绝对值和相对值。

3. 对会计报表项目的内在构成进行比较

这一比较的内容来源于对会计报表的比较，将会计报表的总体指标设定为100%，计算出不同项目所占的百分比，从而判断出项目百分比和财务活动的变化以及变化趋势。对会计报表项目的内在构成进行比较，可以更加具体地分析出企业财务活动的总体发展趋势。在使用这种方法时，必须要注意以下三点：首先，要明确不同时期的比较指标计算口径必须一致；其次，必须减少突发性项目所带来的影响，让分析过程使用的数据满足正常的使用需求；最后，需要使用例外的原则，对变动较大的指标进行着重的分析，并分析背后的原因，从而采用行之有效的解决方法，减少指标变动带来的经济风险。

（三）比率分析法

比率分析法主要是将逻辑中存在联系的项目进行具体的分析和对比，计算出准确的比率，为经济活动变动作出信息分析和决策的分析方法。比率不是绝对的，使用比率分析的方法，可以将在一定情况下不能够进行比较的指标进行转化，使得指标可以进行比较的分析。

常见的分析比率一般有三种，分别是反映偿债能力的财务比率、反映运营能力的财务比率、反映盈利能力的财务比率。

1. 反映偿债能力的财务比率

这一财务比率又可以分为两种能力，分别是短期偿债能力和长期偿债能力。短期偿债能力是企业是否具备偿还短期债务的能力，如果短期偿债能力不能够达到债权人的要求，那么不仅会影响企业的基本经营能力，提升企业日后融资的难度，还有可能会让企业陷入破产的危机中。长期偿债能力包括企业偿还长期本金的能力和企业能否偿还利息的能力。在一般的情况下，企业借长期贷款是为了企业的长足发展，最好是使用投资产生的实际效益来偿还利息和本金。所以，我们通常会使用两个指标来衡量企业的长期负债能力，分别是资产负债率和利息收入倍数。

2. 反映营运能力的财务比率

营运能力是对企业资产利用的效率，效率的分析是根据资产的周转速度来进行的。经营的效率可以通过企业的资产周转速度体现出来，周转的速度可以说明各项资产进入经营环节的基本速度，如果资产的实际收入和利润循环周期较短，那么经营的实际效率也会得到较高的提升。下面是几个能够反映出企业实际运营能力的比率：

应收账款周转率＝赊销收入净额／应收账款平均余额

存货周转率＝销售成本／存货平均余额

流动资金周转率＝销售收入净额／流动资产平均余额

固定资金周转率＝销售收入净额／固定资产平均

净值周转率＝销售收入净额／总资产平均值

3. 反映盈利能力的财务比率

企业相关利益主体都较为关注企业的实际收益，实际的收益情况决定了企业的成败，只有让企业能够在很长一段时期内保持盈利，稳定的经营才是能够实现的。下面我们列举几种常见的比率：

利率＝（销售收入—成本）／销售收入 ×100%

营业利润率＝营业利润／销售收入 ×100%＝（净利润＋所得税＋利费用）／销售收入 ×100%

净利润率＝净利润／销售收入 ×100%

总资产报酬率＝净利润／总资产平均值 ×100%

权益报酬率＝净利润／权益平均值 ×100%

上面的这几种比率都能够反映出企业当前的实际状况，对于企业的经营者来说，可以从比率等数据中获得对工作业绩的了解，从而制定出符合企业实际发展情况的决策。投资者更加关注企业在未来较长一段时间的发展前景，这也是企业成长的关键所在，只有成长性较强的企业才能够拥有更光明的发展前景。所以，我们需要对企业的未来发展作出客观的分析。

在通常情况下，企业未来发展前景的预测可以通过净利润、营业利润、销售收入等内容进行。我们经常能够见到的分析比率有以下几个：

销售收入增长率＝（本期销售收入—上期销售收入）/上期销售收入×100%

营业利润增长率＝（本期销售利润—上期销售利润）/上期销售利润×100%

净利润增长率＝（本期净利润—上期净利润）/上期净利润×100%。

（四）因素分析法

如果企业经营者或者和企业利益相关的主体需要分析几个内部存在联系的因素，并由此来判断出因素对分析对象的影响程度，就需要采取因素分析法。使用这种分析方法需要具备一定的前提条件，那就需要假定除了分析因素之外的其他因素都不会产生变化，这样才能够保证这个需要分析因素所产生的作用。

这一分析方法除了能够从更加宏观的层面分析多个因素对指标的共同影响外，还能够将单个因素所起到的作用总结出来。在使用因素分析法时也需要注意这些问题：第一，因素之间存在的内在联系。一个经济指标内部存在的各种因素，在逻辑上必须存在着原因和结果的关系，如果因素没有逻辑上的关系，那么存在的价值也就失去了。第二，因素之间存在顺序性。在替代因素之前，必须对每个因素之间的关系进行分析，并按照一定的顺序替代，不可以将因素的顺序随意颠倒，否则计算结果会出现变化，从而影响企业的决策。第三，使用连环替代的方法。这一方法可以对因素变动产生的影响进行计算，在计算过程中要遵循计算的顺序，并且使用连环比较确定最终的影响结果。第四，计算结果存在或多或少的假定性。使用连环替代计算出来的结果，会因为计算顺序的变化而产生一定的变化，所以计算的结果会具备一定的假定性，也就是说计算的结果不会完全准确。

企业财务分析方法多种多样，在每次的财务分析中，需要根据具体的情况，对企业的实际需要进行分析，从而确定应该使用哪种分析方法，或者是将多种方法进行结合使用。

二、财务分析的方法运用

为了确保财务分析能够达到实际效果，企业经营者在进行财务分析时应注意以下几点：

（一）定性分析与定量分析相结合

定性分析的开展需要以一种方法论或者认知论为基础，凭借使用者个人的经验或者是固定的思维逻辑，对分析的主体进行总体性的判断和评价，从而得出相关的结论。在实际的分析和评价过程中，存在一些不能够用数量表示出来的指标，如文化因素、政治因素、经济因素等，这些因素的分析不能够使用数据来表示，只能够凭借个人的经验、推理和判断来评价。定量分析的基础是统计数据，统计数据可以是历史的也可以是目前的，获得统计数据之后，通过建立数学模型，通用预测技术、模拟技术和最优化数学理论等，对研究对象进行量的测算，并根据量值作出结论的方法。

现代企业所处的环境较为复杂，不能够使用定量的方式对环境进行评价和分析，但是外部环境的分析是必需的，对环境的了解和评价能够对企业的销售情况、投资目标、企业的总体发展产生一定的影响。所以，在实际的分析过程中，不仅要借助定量分析这一种分析方法，还需要使用定性的分析方法。定量分析具有准确的特点，虽能够对企业经济活动开展的特点和规律进行评价，但是一般只会侧重于影响企业活动的一个或者少数几个数量方面的因素，却对更多的其他因素做了假定或舍弃。由于企业经营活动的复杂性，定量分析如果运用不当，就会影响分析结论的准确性和实用性。定性分析则对定量分析的缺点进行了补充，能够分析一些不容易以数据表达出来的因素，相应的也存在数据分析方面的不足，所以定性分析结论的准确性和实用性难以得到保证。因此，在进行财务分析时，综合运用定性分析和定量分析两种不同的方法，并按照"定性—定量—定性"这一数据分析的规律进行，使两者相互结合，吸收各自的优点，只有将个人的经验和精密的数据结合在一起使用，才能够让财务分析具备定性分析和定量分析的共同优点，为企业经济活动决策的制定提供指导。

（二）静态分析与动态分析相结合

静态分析是指对企业过去某一时点或时期的状况进行分析，依据的是企业过去的资料，不考虑当前和未来各种影响因素可能发生的变化。动态分析是指考虑各种影响因素可能发生的变化，对企业现在和未来的状况进行分析。

企业的财务活动和日常的生产经营活动一直处于发展和变化之中。人们获得的企业信息资料，尤其是财务相关的资料，主要是对过去企业经营状况的总结。在企业未来的发展过程中，在同样的投入情况下，可能会产生不同的效果。所以，需要在财务分析的过程中，严密监控数值的变化情况，并关注数值的时效性，在掌握过去经营情况的基础上，对当前情况可能发生的结果进行预测；要根据企业和利益相关主体的需求和基本情况，使用多种分析方式，然后对指标的含义作出判断，以便为决策服务。

（三）结果分析与原因分析相结合

结果分析是一种较为宏观的分析方法，在企业财务活动结束之后，对最终结果进行分析。原因分析是从结果的形成原因开始分析，在分析的过程中按照因果的关系，从结果追溯具体的原因。

财务报表只能够反映出企业生产经营活动的最终成果，不能够表现出企业经济活动和实现经济效益的整个过程。例如，资产负债表虽然是财务报表中的一种类型，但是这一报表不能够清楚地反映出企业经营者对资金的应用情况，也不能体现出资金的来源，只能够体现出具体时间点的资产、负债和所有者的权益情况，所以也就不能够说明企业是否具有偿还贷款的能力；利润表只能体现出企业者的实际收入情况，至于收入是如何具体取得的却很难了解，这些都给企业经营者带来了不便，这是因为财务决策是具体的，涉及的往往是对某个商品、某次融资行为、某项投资的决策，经营者可能会由于对财务过程不了解或对财务报表结果有误解而导致决策失误。因此，财务分析不能仅停留在结果分析对整体状况的系统把握上，应着力于对财务结果形成过程的揭示，充分挖掘企业财务状况的本质特征，并延续形成过程对企业的发展趋势作出正确的判断分析。

（四）总量分析与结构分析相结合

总量分析着眼于对企业财务状况和经营状况的综合和整体评估，以便向报表使用者提供一个关于企业的整体和结论性印象，其分析趋势是越来越综合、概括和抽象。也正因如此，总量分析不能反映企业经营和财务活动中出现的一些例外和特殊事项，它们可能隐含着未来经营状况和财务状况的重大变化。例如，尽管企业的利润总额是上升的，但从盈利的产品结构看，企业过去的拳头产品的盈利可能下降，这可能意味着企业经营结构必须调整，这在总量分析中是不能被发现的。所以，伴随着总量分析的综合、概括和抽象趋势，会计报表的结构分析则越来越具体、深入。结构分析能够揭示企业财务状况和经营成果总量的形成原因，以及与总量分析相反的各种例外和特殊事项，能够从财务报表各项目或者经营和财务活动各方面的依存关系来说明某项或整个经营和财务活动的状况。因此，在进行财务分析时，应注意把总量分析和结构分析结合起来。

（五）整体分析与局部分析相结合

整体分析是指对企业总的财务状况和经营成果进行综合分析评价的方法。局部分析是指对单项财务业务进行分析的方法，如对某一项资产的周转速度进行分析或对某项融资业务的成本进行分析等。局部是构成整体的一部分，局部的好坏会直接影响整体状况，整体状况的优劣也可以通过对局部进行分析来找出原因。因此，企业经营者在进行财务分析时，不仅要进行整体分析，以获取有关企业整体运营状况的信息，还需要进行局部分析，从而找出整体状况的形成原因，并进一步为财务决策服务。

三、财务分析的信息基础

财务分析信息是财务分析的基本和不可分割的组成部分，对于保证财务分析工作的顺利进行、提高财务分析的质量与效果，都起着主导作用。

（一）财务分析的会计信息

财务分析的会计信息依据主要来自财务报表。财务报表体现的信息，不仅可以用来体现财务分析的决策，还是国家有关部门进行国民经济宏观管理的微观信息基础。企业除按照规定编报满足外部利益相关者的财务报告外，还需要编制满足内部管理控制需要的成本费用报表，提供成本分析所需的会计信息。

（二）审计信息

注册会计师审计报告是企业委托注册会计师，根据独立审计原则的要求，对企业对外编报的财务报告的合法性、公允性和一贯性作出独立鉴证报告。它可以增强财务报告的可信性，是财务分析人员判断企业会计信息真实程度的独立性、权威性的主要信息。其形式主要包括不附条件的审计报告、附条件的审计报告、否定意见的审计报告、无法发表意见的审计报告。

(三) 政策信息

政策信息主要指国家的经济政策与法规信息。它与企业的经济活动密切相关，具体有产业政策、价值政策、信贷政策、分配政策、税收政策、会计政策、金融政策等。它从企业的行业性质、组织形式等角度分析企业财务对政策法规的敏感程度，全面揭示经济政策变化及法律制度的调整对企业财务状况、经营成果和现金流量的影响。

(四) 市场信息

市场信息主要指政府监管部门、中介机构、国际市场的信息，还指资本市场、劳动力市场、技术市场、土地市场等要素市场和商品市场的信息。这其中的任何信息都可能与企业经营息息相关。因此，企业在进行财务分析时，必须关心商品供求与价格变化对企业商品或服务量与收入的影响，劳动力供求与价格对企业人工费用的影响，技术市场供求及价格对企业无形资产规模、结构的影响，资本市场资金供求渠道及价格对企业投资、融资的影响，从而在市场环境中总结出企业财务变化的效果和过程。

(五) 行业信息

行业信息主要指企业所处行业的相关企业、产品、规模、效益等方面情况的信息。因此，企业在进行财务分析时，要着重关注行业平均水平、先进水平和行业发展前景的信息，以客观地评价企业当前的经营状况，合理预测、把握企业财务状况经营业绩与现金流量的发展趋势，为决策提供可靠的信息来源。

四、财务分析的基础任务

(一) 评价企业的经营业绩

企业用于管理决策的信息大部分来自财务会计信息，企业的财务报表则包括最集中、最全面、最信用的信息，它们是管理决策产生的来源。凭借财务分析的结果，企业可以掌握财务指标的完成进度，并对企业的实际经营情况有详细的了解，肯定成绩，提出问题，并将企业实际与以前各期指标、计划指标、同类企业指标进行比较，以辨明企业在报告期的管理水平与经营绩效，其分析结论强调客观公允性。

（二）分析企业业绩变动因素

在制作财务报表之前，需要对企业报告期的经营绩效有大致的了解，这样才能够更加全面、客观地体现出企业的经营状况。目前，企业中的实际财务状况不仅是经济活动绩效的延续，还是未来发展前景的基石。因此，衡量、判断目前的财务状况并分析说明其影响因素成了影响财务报表分析的重要任务。通过财务分析，分析出指标的性质和相互的关系，研究对企业经营情况产生影响的各种因素，并进一步明确各种因素对企业经济活动的影响程度，以便分清主次、区别利弊；通过分析诸因素变动对财务状况的影响，工作效率和财务能力可以通过改善不足的因素得到提升，这个过程也叫作潜力的挖掘。潜力就是企业经济活动实际效益提高的可能性。在财务分析的过程中，应该改变过去传统的被动分析方式，使用主动分析的方式，强调财务分析的能动性和效益性。为此，信息需求者提出了迅速提供分析资料和及时处理分析信息的要求。因素分析通过一定的分析方法，研究各项财务能力指标中存在的关系，并根据实际需要对这一比例关系进行调整，让各因素之间更加协调。

通过对因素的安排，明确各因素的作用，从而达到更好的协同效应。由于反映财务状况的各指标因素是互为条件、不可分割的，因此企业要利用它们之间的依存性，不仅要进行因素分解，也要进行综合分析，及时发现和加强薄弱环节，克服消极因素，巩固积累因素，使之平衡协调，挖掘内部潜力，争取最大效益。

（三）预测企业发展趋势

财务分析不仅要认真地分析历史和现在存在的问题，还要对未来的发展作出科学的规划，为工作的开展提出科学合理的建议与发展方案，为企业经营管理提供决策依据。预测是决策的前提，预测分析的准确性直接决定着财务报表使用者的决策结果。预测分析要求我们在对财务状况进行总结评价的同时，提示企业财务能力的变化前景。财务分析在现代化经济的发展背景下，使用以各种动态数列为基础的预测方法，计算包括在分析公式中的所有参数，并从求得公式各因素的角度来研究财务活动及各种现象和过程。结合财务分析的发展性与继承性，不仅明确财务分析一直处于变动之中的基本事实，对历史和当前的因素进行辩证地统一，还要在众多因素中分析出起到决定作用的重要因素。因此，从一定意义上讲，总结评价分析是预测分析的基础和前提，而预测分析则是总结评价分析的补充和外延。

上述三项任务体现了财务分析必须注重事前、事中和事后分析相结合，这一分析原则的使用能够对财务分析过程起到重要的作用。

第五节 财务分析的程序与意义

一、财务分析基础程序的四个阶段

财务分析程序是在财务分析过程中需要遵守的标准化程序。只有明确了财务分析的程序，才能够顺利开展财务分析，并在分析过程中使用相应的分析技术。在一般情况下，我们可以将财务分析程序分为四个阶段。

（一）财务分析信息收集整理

这一阶段最重要的任务是确定财务分析的目的，制定出详细的财务分析方案，并准备好分析过程中需要的各种信息。财务分析的第一步是明确分析目的，分析目的就是分析工作的根本，整个分析工作都要以分析目的为基础。只有明确了分析的目的，收集的信息才是准确、有效的，还需要采用恰当的分析方法，总结出准确的财务分析结论。

在明确了分析的目的之后，就需要划定出分析的具体范围，并且在具体的内容中确定好重点分析的内容，使得分析工作得以顺利开展，并制定出相应的财务分析方案。分析工作的具体步骤、开展时间，分析人员的不同分工，分析的具体内容都属于分析方案里的一部分。

财务信息的整理应该按照财务的总体方案和财务的目的出发。财务分析的信息是财务分析的基础内容，如果信息处理和整合的效果较好，则分析结果的正确性也会得到提高。另外，需要在平时就注重信息的处理和整理。

（二）会计分析

一般情况下，在开始财务分析工作之前，应对公司所处行业及公司基本情况进行大致的描述，这样可以让财务分析人员快速了解企业的经济环境和经营情况，从客观的角度开展财务分析工作。

会计分析通过财务报表数据以及会计政策、会计方法等分析，揭示会计信息的质量，并为财务能力分析的工作开展做好保障。会计分析工作开展的目的就是判断企业会计所反映的状况是否真实，企业会计所反映的状况有现金流量，财务状况、经营成果等。

会计分析的工作顺序为：阅读财务报表—比较财务报表—解释财务报表—修正财务报表信息。

（三）财务能力分析

进行会计分析以后，可以使用各种分析方法和基本数据对企业的经济情况、效益水平和偿债能力进行判断，主要包括以下两个步骤：

1. 财务指标分析

财务状况能够通过某种财务指标反映出来。在开始财务分析工作之前，应该选择恰当的分析指标，选择的标准是分析的目标和要求。例如，债权人最关注的内容为企业是否有能力偿还贷款，所以在选择指标时，应该考虑能够反映出资产流动程度的指标，如流动比率、资产负债率等；投资者主要关注企业的盈利能力，应选择反映盈利能力的指标，如总资产报酬率、销售净利率、净资产报酬率等。

2. 因素分析

因素分析的方法不仅能够反映出财务指标的变动情况，还能够查找变动的原因。所以，在对一些财务指标进行分析时，可以从不同的影响原因出发，对整个财务指标进行定量的分析，从而确定出不同原因对财务指标发展的影响程度，为正确评价企业的财务状况、经营成果等提供依据。

（四）综合分析

在此阶段，应结合会计分析和财务能力分析的内容，编写财务分析报告，从企业整体的财务能力、现金水平、经营效果、财务情况等指标进行综合性的评价和评判，从企业具体的问题出发，寻找相应的解决方法，帮助企业进行有效的决策。

财务分析报告是一种书面性的文件，能够帮助企业总结出组织和人员的情况，并从企业的实际经营状况和财务水平等方面出发，进行总体性的分析。财务分析的根本目的是改进企业财务管理工作。在评价的过程中，需要秉持准确、全面、客观的原则，既能够将分析的内容展示出来，也能够对财务分析过程中使用的分析手段、分析的不同阶段进行说明。

财务分析报告是一种总结性的报告，除了能够为现在的财务工作提供信息外，还能够成为一种历史性的信息内容，为未来的财务工作者提供参考性的信息，保证财务工作能够在发展的过程中不断得到完善。

二、财务分析的基本步骤

（一）明确分析目标，制订分析计划

在开始财务分析之前，需要明确财务分析开展的目的，财务分析起到的作用是对企业经营进行评价、对投资策略的制定提供参考，还是确定企业未来一段时间的经营策略？只有先明确了财务分析的目的，获得的信息才具有有效性的，然后选择合适的分析手段，从而获得客观的分析的结论。

财务分析的具体目标可以分为多种类型，如果出发的角度为信息使用者的实际需要，则财务分析的目标有税务分析、投资分析、经营决策分析、信用分析等目标。信用分析的目的是总结并分析出企业对于债务的偿还能力；经营决策分析的目的是为企业经营的未来发展提供最恰当的策略信息支持，不仅能够制定出未来的发展战略，还能够调整企业生产的结构；投资分析的目的是分析相关环节资金的安全性和获利性；税务分析的目标主要是分析企业的收入与支出状况。企业应该从生产期间的不同分析目标出发，明确财务分析发展中需要解决的问题，并制定出合适的财务分析方案，在明确财务分析目的的基础上，对分析工作的具体内容进行拆分，明确财务分析使用的方法和方案，安排好恰当的工作速度和分析资料的来源。财务分析工作的开展虽然应该以前期决定的计划为基础，但在实际

工作的条件下，可以根据具体的情况，对工作的方法进行合适的修改。

（二）收集数据资料，确定分析对象

财务分析信息是财务分析的基础，财务分析的实际效果有赖于信息的具体水平，如信息的整体性、及时性、准确性等。财务分析的计划和方案是信息收集开展的基础性条件。为了提升企业生产和发展的水平，并对企业的发展作出准确的评价，财务分析人员应该从不同的角度出发，对资料进行分析和收集。财务分析数据包含的种类有很多，如产品的种类、企业的经营和销售手段、企业在市场上的经营水平、企业的行业具体信息、宏观经济状况等。信息收集有多种的手段和渠道，如座谈会、专题调研、查找资料以及相关的会议等。在数据的收集工作结束之后，分析者还应该检查资料的真实性的准确性，只有资料的有效性得到了保证，后续的财务分析工作才能够得到保证。信息和数据的种类和来源都是不同的，所以财务分析工作人员应该检查资料，在检查过程中使用不同、合适的方法和手段，资料的真实性和法律性是资料检查工作的重点。在对资料进行初步的检查之后，财务分析人员可以根据资料的具体情况，确定出财务分析的目标及对象。

（三）选定分析方法，测算因素影响

从财务分析的根本性质以及指标之间的关系出发，财务分析的方法可以分为不同的种类，如比较分析法、比率分析法、因素分析法、现金流量分析法、图解分析法等。在确定好财务分析需要使用的方法之后，接下来需要对影响指标的各类因素进行分析和总结，并根据因素的影响对财务分析指标的变动情况进行分析，这样做的目的是将计算结果按照影响程度分类，更好地分析相对应的优点和缺点，这一过程也是财务分析过程中最为重要的一个环节。

（四）评价分析结果，提出管理建议

下一个步骤是对财务分析综合评价进行总结。它具体又可分解为四个步骤：第一，根据财务分析目标和内容，剖析收集到的资料，分析数据之前存在的联系；第二，从企业的自身特点出发，对企业的经营情况进行分析，总结出企业目前阶段经营状况产生的原因，并分析出现阶段发展过程的利弊，将企业经营过程中存在的不足揭露出来；第三，从实际的经营状况出发，尊重实际情况，才能够做好

评价的工作，以科学的原则做好预测的工作，并为企业的未来经营情况作出合理的计划和方案；第四，制作出财务分析报告，以便财务分析人员在需要时使用，从而让财务分析的过程更加顺利。

三、财务分析的作用

（一）财务分析在市场投资管理中的作用

财务分析的活动在现代逐渐受到全社会广泛的关注，财务分析在宏观层面上为人们提供了经营活动的分析和参考。从财务分析的主体上看，财务分析有五种类型，分别是相关利益者的财务分析、政府部门的财务分析、债权人为主体进行的财务分析、经营主体进行的财务分析、投资人进行的财务分析。从财务分析的服务对象上来看，也有众多的利益相关者，包括政府管理部门、经营者、投资者、债权人等。从这两个主体上来看，财务分析的发展空间是巨大的，并能够在社会经济发展的过程中发挥其独特的作用。我们可以想象，在我国未来经济社会的发展过程中，经济体制将会得到完善，财务分析的作用越来越巨大，具体表现在以下方面：

（1）财务分析的结果能够为相关利益主体的决策提供关键的信息基础。企业的经营风险在很大程度上是由企业投资者承担的，虽然不同的投资者投资的目的各不相同，投资的方式和手段也存在差异，但是他们都非常注重企业未来的发展。企业对债款的偿还能力、企业的经营能力、企业获得利润的能力都是投资者关注的重点内容，财务分析的报告能够为投资者提供企业财务状况和经营成果的整体资料，这些资料可以为投资者的决策提供分析和参考。

（2）财务分析的过程也能够对经济社会的发展起到积极的促进作用。在经济社会的发展过程中，相应的经济市场体制也获得了完善与发展。众多的上市公司借助财务分析这一活动，将企业的经营效果、财务水平、投资风险等能够反映出企业经营状况的因素公开，公开的这些因素不仅能够促进市场中买卖双方的交易活动，还能够促进买卖双方心态上的调整，从而为市场的良性循环发展提供前提和条件。

（3）金融活动的顺利开展需要借助财务分析的力量。信贷的主要操作者是银行和其他不同的金融机构，这些机构为企业提供信贷的资金，从而在金融的层面形成了债务人和债权人的关系。银行和其他类型的金融机构会对企业的经营和财务状况进行持续的分析。为了让自己的债权处于一个稳定的状态，获得收益，银行等金融机构会利用财务资料对企业的经营状况等指标进行分析，并作出科学、合理的判断，这样既能够维持信贷资金的稳定程度，使金融环境处于法律和机构的监管之下，防止金融行业犯罪的出现，也能够让企业维持正常的经营活动，还能够让金融秩序保持稳定。

（4）财务分析活动能够促进企业的金融管理，帮助企业实现经济发展的目标。企业的领导者可以利用财务分析的方法，对企业的整体经营成果进行分析，掌握经营过程中需要的经济信息。财务分析人员应该及时对企业各部门的财务资料进行掌握，使企业的领导了解企业的经营状况，对变化莫测的经济状况进行分析和指导。在对当前的财务状况作出合理的预测之后，才能够总结出不同类型的财务方案，制定适合企业状况的决策。企业的领导层还应该从财务分析中的各类指标中出发，对因素进行更深层面的分析，作出及时的预警，并从根本原因出发，制定相应的方案，不断提升企业的实际经营水平，实现相应的经济效益。

（二）财务分析在企业决策管理中的作用

1. 财务分析可作为现代企业财务管理的突破口

财务分析方法从根本上来说，是一种具有科学性的方法，也是企业在一定时期内经营成效和决策开展的分析结果。企业在开展财务分析的过程中，能够对自己的经营过程进行全面的分析总结，并发现经营过程中存在的各种问题，对其情况是否符合企业的经营状况进行全面的掌握。如果企业的资金收入小于资金支出，或者企业对外部的投入过多，那么企业的内部财务结构也会受到相应的影响，对企业的经营状况和收益情况产生影响。财务分析人员在财务分析过程中得到的经济信息，要准确地反映给经营人员，为经营决策的制定提供条件，这样才能够让企业的资源得到更加合理的分配，提高财务分析在企业活动中的地位。

2. 财务分析在企业经营决策过程中的作用

财务分析活动能够对企业在一固定时期内的经营成果和效果进行总结和分析，反映出企业决策者的决策水平和决策的实际效果，并为企业后续的经营和发展提供决策的信息基础。财务管理从过去的会计核算逐渐向经营管理方向进行转变，所以财务分析的作用也在不断提高，并在企业经营的过程中起到越来越重要的作用。企业融资的方式是多种多样的，在实际的经营活动过程中，企业融资的动机并不只有一种，企业的经营者必须依据当前的企业财务分析情况对企业的融资方式进行分析，尤其是对于上市公司的融资活动来说，财务分析的重要性更为突出，风险的预测更为重要，在预测分析过程结束之后，需要对企业外部的融资环境进行分析和选择，并且结合企业未来的发展方向，对企业的发展计划与决策作出合理的调整。

3. 财务分析在支持现代企业管理决策中居于核心地位

财务管理是现代企业管理的基础，因为企业的人才策略、市场营销决策、技术更新以及企业的重组和合并等都需要财务管理在其中发挥作用，虽然财务决策和人才策略、市场管理决策、技术更新等都属于企业管理决策的一部分内容，但是财务决策在这些决策中起到了领先的作用，不仅能够为其他决策的制定提供基础条件，还能够在企业发展的过程中起到全局的作用，覆盖企业经营的各个方面，与其他类型的决策协同发展，并为所有决策的实施提供财务上的支撑。正是因为财务管理具有一定的独特性，所以能够为其他决策的制定提供基础条件，使得决策形成协同发展的局面，因此财务分析在现代社会中的企业管理中有着重要的作用。

第三章 财务管理的决策实践

财务决策的制定需要从财务管理的角度出发，并对财务管理过程中出现的财务信息进行分析和总结，实现财务资源使用和分配的最大化。本章节内容为财务管理决策实践研究，依次介绍了对财务决策管理的认识、营运资金管理与决策、投融资管理与决策、收益分配管理与决策四个方面的内容。

第一节 对财务决策管理的认识

一、财务决策的基础理论

（一）财务决策的概念

财务决策由企业不同部门的人员共同决定，最终运用到企业的财务管理过程中。在企业的财务管理实施过程中，最为重要的部分是经营管理的内容，需要从实际的情况出发，进行决策并实施。决策的制定是企业经营管理的中心环节，贯穿企业的日常管理。决策有多种类型，如流动资金决策、投资决策、融资决策等，这些决策在不同程度上都会涉及财务方面的内容。所以，财务决策就是从财务管理的角度出发，对财务管理过程中出现的财务信息进行分析的总结，对财务资源进行最大程度的使用。制定决策的基础是成本效益的实现，然后在这个基础上进行综合的分析，从而选择最适合企业经营状况的方案。所以，财务决策在一定程度上反映了企业的综合情况，企业的经营者必须能够从财务决策中获得经营的信息，实现经营的最佳效果。在一般情况下，财务决策有以下几个步骤：第一，明确财务决策的目的，也就是财务决策实施之后，需要实现的目标。第二，对财务决策实施的效果进行预测。企业在财务决策开始实施之前,通过财务预测的方法,对财务结果进行提前的预测。第三,选择适合企业的方案。在初步的预测之后,能够基本确定企业需要的方案,结合决策的衡量标准逐步分析不同的方案,在分析和选择之后,确定最适合企业经营的财务决策。第四,决策方案的实施。这一阶段是决策的具体实施阶段,在实施开始前,需要明确实施的具体计划,在实施过程中结合实际的结果进行分析,从而了解决策的有效性,并在实施过程中及时调整方案,让决策更加顺利。

(二) 财务决策的内容

财务管理的对象是钱和物资以及在筹集和使用过程中发生的各种经济活动和产生的经济关系。财务决策作为企业财务管理的重要环节,与财务管理的对象是一致的。[①]根据钱和物资在企业财务管理过程中体现出的特性,分为三种类型的决策,分别是投资决策、筹资决策和经营决策。

1. 投资决策

投资是指将筹集的资金投入生产经营的过程。企业生存和发展的前景如何,很大程度上取决于投资管理的水平。投资决策主要有两个大的方向,在开展之前,需要对效益水平进行大致的估计,也就是对现金流水平的估计。企业的投资是用于新建生产经营项目或对原有项目的更新改造等内部投资,还是通过购买其他企业的股票、债券或采用与其他企业联营等形式的对外投资,其产生现金流量的方式和大小是不同的,对企业收益的影响也是不同的。投资决策需要对投资风险进行分析。不同的投资方案预期的投资收益水平和投资风险程度各不相同。一般两者之间呈正比例变动关系,预期收益较高的方案蕴含着较大的投资风险,反之则较小。企业总是希望在风险最小的前提下收益最高,因此企业投资决策需要准确计量预期收益和风险,在企业经营战略的指导下,根据企业内外环境,选择收益较高、风险较小的投资方案。

2. 筹资决策

企业的经营目标是获得尽可能多的利益,企业为了实现提高经济利益的目的,需要开展生产和经营活动,资金是生产得以开展的前提条件。因此,筹集资金是

---

① 韦德洪. 财务决策学 [M]. 北京: 国防工业出版社, 2015.

组建企业和开展生产经营活动的前提。企业筹集资金的渠道，一是吸收企业所有者的投资，形成企业的资本金，也叫作权益资金；二是向外举债，形成企业的负债，也叫作债务资金。企业筹资决策的开展是为了选择适合的筹资方式和最佳的资金结构，即了解可能的筹资渠道和筹资方式，提高计算资金成本和生产风险的准确性，以便能够满足企业生产经营的需要，使企业的资金成本和生产风险达到一个平衡的状态，在满足风险要求的前提下，降低资金成本的水平。

3. 经营决策

经营决策是指日常经营活动的决策，主要包括存量资产决策和利益分配决策。企业存量资产包括货币资金、债权资产、存货资产、固定资产、无形资产等，每项资产都具有不同的特征和运行方式，相应的不同资产对企业经营风险和利润水平的影响也不同。企业对存量资产进行管理是为了保证企业生产经营活动能够正常的开展。企业对存量资产进行决策主要是确定各种存量资产的经济规模，决策的类型为现金及有价证券决策采购决策、销售决策、生产决策、资产结构决策、分配决策等。

分配有广义和狭义两种。广义的分配是指对所有利益相关者的分配，包括对社会公众、政府、上下游客户、债权人、员工、经营者、投资人等的分配，因此从广义上说，分配的决策有售后服务决策、偿债决策、薪酬分配决策、利润分配决策、纳税决策和环境保护决策等。狭义的分配是指对投资人的分配，即利润分配，从狭义的角度看，分配决策就是利润分配决策。

（三）财务决策的特点

1. 目标性

明确目标是决策开始的前提条件，目标反映了特定的一段时间内，任务完成情况的水平。

财务决策实施的目标是非常明确的，财务决策是为了满足企业整体财务管理的要求。财务管理的目标有利润最大化、每股收益最大化、股东财富最大化、企业价值最大化、利益相关者利益最大化等。不同类型的企业，财务管理的目标虽然各不相同，但无论企业财务管理的目标是什么，财务决策都应该以财务管理的目标为出发点。财务管理的目标是企业制定、选择和评估企业未来经营管理方案的基础，能够评估经营活动效果。

2. 可行性

决策是事情发生之前或人们采取行动之前的一种预先分析和选择。财务决策的目的是为企业的经营活动提供信息基础。资源是企业经营活动得以开展的基础，如果企业在技术条件、资源能力、资金能力、人才资源等方面存在许多的不足，那么制定出来的方案将无法得以实施。所以，在制定财务决策之前，不仅要对最终的实施效果进行考虑，还要考虑企业的实际条件。具体而言，就是企业拥有的资源是财务决策开展的基础条件，财务决策的制定要从企业的实际情况出发，并结合企业的外部环境和市场的宏观环境，制定出最符合企业发展情况的实际结论。例如，考虑企业的偿债能力，以及对市场规模的估计和评价等，都是决策可行性要求在具体决策活动中的体现。

3. 选择性

财务决策的实质是在分析、比较诸多财务决策之后，选择出最适合企业的方案。在决策实施之前，需要对决策的方案进行选择，这就要求制定者提供多种方案。财务目标的实现路径有多个，企业的决策方案也会有多种，不同的方案对企业的资源条件、实施的结果、经营风险等因素要求都不同，也会出现不同的效果。企业所要做的就是如何根据企业事先确定的目标，经过系统的分析和综合，提出种种不同的方案、途径和方法，然后进行比较、选择。有时很难找到一个统一的标准，有的这方面优于对方，而另一方面劣于对方，反之亦然。这就需要决策者多动脑筋，寻找优势，以实现综合评估，在综合评估的基础上再选择最佳方案。选择不仅是必需的，也是必要的。

4. 相对最优性

财务决策选择方案的原则是最优原则。根据理性经济人的假设，决策就是在一定条件下寻找并确定优化目标和优化方案，不追求优化的决策毫无意义。因此，财务决策总是在若干个有价值的方案中作出最优选择。最优原则是指相对最优，而不能够达到绝对最优。绝对上的最优方案只能够存在于理论中，因为这一方案对决策者的水平提出了较高的要求，需要决策者掌握企业的所有信息，分辨出信息的有效性，明确信息的不同价值，在这一基础上形成的完美的方案，在方案制定出来之后，还能够计算出这一方案的后续效果。显而易见的是，没有企业能够满足以上的所有条件，所以在目前情况下制定出的方案，总会存在一定程度的风险,也就是说,每一个方案都不可能绝对完美,实施的效果总会存在不确定性。在方案数量不足、实施结果不确定的情况下,决策者无法选择出最好的方案,只能够从本企业的实际情况出发,利用自己的主观认知,对方案进行选择。

5. 过程性

财务决策是一个过程性的活动,不是瞬间进行的。以下两点是财务决策过程性的体现:

(1)每一项财务决策的发展就是一个过程。也就是说,从财务决策目标的明确直到方案的制定,财务决策的形成过程中包含了多种多样的工作,许多不同部门的人员参与其中。例如,对于企业的固定资产投资决策,不能简单地把它看成对备选方案的选择。要想获得相对最优的选择,必须事先拟定出多个备选方案,只有在分析、评价、比较各备选方案优劣的基础上,才可能得出最满意的选择;要拟定备选方案,首先确认要达到的目标,并在目标的指引下,收集资料,作出各种可行性预测等,这一系列的活动构成一个过程。

(2)企业的财务决策并不是某一个单独的决策,是许多决策的总结。在决策的过程中,企业既要决定生产的大方向,确定业务活动的具体发展内容,同时还要考虑企业资源的供给、资金结构的完善、人才的发展等内容,并进行调整。还以上述固定资产投资决策为例,企业对其固定资产的投资决策是一系列财务决策的组合,如是否投资该固定资产、如何筹集投资该固定资产的资金、用什么样的方式筹集资金、固定资产投资对企业流动资产的占用和产品生产有何影响、怎样安排员工的岗位等。只有将财务管理的宏观目标作为基础,安排恰当具体的决策内容,才能够认为财务决策最终形成。

6. 动态性

财务决策的过程性和动态性是联系较为紧密的两个属性。财务决策虽是一个简单的过程,但在过程中充满了变化,所以我们说财务决策是动态的。一项财务决策只有满足一定条件,在一定时间范围内作出并得到执行才是有效的,情况的变化通常会使财务决策失效。财务决策所面临的各种情况又是不断变化的,因此,决策者必须监视和研究这些变化,随时调整并修正决策的方案,实现动态决策。

例如，对于企业的最佳现金持有量决策，在初始确定最佳现金持有量后，该持有量并非一直保持不变，企业应当根据不断变化的现金需求量、现金转换成本和持有现金的机会成本，定期对最佳现金持有量进行调整。

（四）财务决策系统中的权衡

在财务决策中，决策者会经常面对各种各样的决策问题。对于每一个决策问题，决策者都需要与决策的正反两方面进行权衡，作出选择。这方面的事例可以说数不胜数。

在筹集资金的过程中，决策者不仅要考虑成本和风险的问题，还要将成本和风险维持在一个平衡的状态。企业一方面希望能够将成本降到最低，另一方面又希望财务风险最小，这两者之间是矛盾的，因为债务资本的成本较低，权益资本的成本较高，为了追求较低的加权平均资本成本，必须增加债务资本的比例，债务资本的增加又会导致财务风险的增大，使企业破产的可能性增大。对于这个决策问题，权衡的标准是什么呢？是追求较低的资本成本，还是控制财务风险？不同的企业或同一企业的不同决策者可能会有不同的抉择。负债比例本来就不太高的企业可能会追求降低资本成本的目标，已经高负债经营的企业则会选择控制财务风险作为目标。当然，这里要考虑的因素还有很多，如负债的抵税作用、财务杠杆利益、通货膨胀因素等。也许明智的决策者会认为，将企业价值最大化作为权衡的标准。这种说法在理论上无懈可击，但在实际操作中还是十分棘手的，在负债经营中还会面对一些问题。例如，企业获得非流动负债还是流动负债？是通过银行借款、发行一般公司债券，还是发行可转换债券，抑或发行可分离债券？这里都存在着权衡的问题。

在制定投资决策的过程中，收益和风险的平衡是决策者要面临的问题。企业不可能在不承担风险的情况下获得最大的收益，要获得较高的收益率，就必须承担较大的风险。权衡的标准可能是追求收益，也可能是控制风险。在不同的情况下，决策的结果可能会出现这样的变化：在一定的风险环境中，选择经济效益最大化的方案；或者在一定的收益水平的前提下，选择风险最小的方案。

在营运资本决策中，决策者面临的基本权衡问题是资产的流动性与收益性的权衡，以及流动资产融资的风险性与成本之间的权衡。如果企业的流动资产投资政策趋于保守，就会选择较高的流动资产水平，保证较好的流动性，盈利能力也更低；如果企业偏向于更高的盈利能力愿意承担风险，那么将保持一个低水平的流动资产；如果企业的流动资产融资政策趋于保守，则通常最小限度地使用短期筹资，由于长期筹资成本一般高于短期筹资成本，因此会导致融资成本较高、收益较低；如果企业的流动资产融资政策趋于激进，则通常使用更多的短期筹资，由于短期筹资成本一般低于长期筹资成本，因此会导致融资成本较低、收益较高，同时会导致较低的流动比率和较高的流动性风险。

在收益分配决策中，决策者要解决的核心问题是企业实现的利润中有多少留存企业，用于企业今后的发展，有多少作为股利分配给投资者。此决策问题要考虑的利弊得失也相当复杂，如要考虑企业的发展前景，要考虑税收因素，要考虑外部的融资环境，还要考虑公司股票价格的市场表现等。面对错综复杂的利害关系，如何确定权衡的标准呢？其实，这些利弊得失可以归结为一个主要的问题，即如何在股东的眼前利益和企业的长远发展之间进行权衡。

二、财务决策与企业内部控制管理

（一）内控管理的概念

企业内控管理是一种监督性的行为，最终的目的是使得企业的生产经营活动能够顺利开展。在这一过程中，对企业的财务信息和资产进行管理和监督。内控管理的根本是保证企业资金和财务信息的透明和公开，使得企业的生产经营受到相关部门的监管。除此之外，还需要对企业的内部监督制度进行完善，只有在企业内部建立起了完善的内部控制制度，才能够保证企业业务之间存在紧密的联系。在当今的经济发展环境中，企业面临的竞争十分激烈，如果想要提升企业的竞争力，就需要从企业的内部机制下手，完善企业的管理，提升生产经营的效率和产品的品质。所有的制度都具有如下的几个内容：完善的内部审计体系，严格的保险和安全体制，严密的企业管理制度和会计制度，相应的审批机制，合理的分工体系等。在企业内部控制制度的保证下，审计单位的会计数据的真实性也能够得到保障，所以在进行审计之前，应对企业的内部控制制度提出更高的要求。审计工作的内容和重点也需要借助内部控制制度的评估和验证。

（二）企业内控管理存在的问题

1. 缺乏对内部控制的认识

由于传统管理思想的印象，企业管理人员还没有建立起较为完善的内部控制制度，主要是在企业的内部强调人管理的重要性，内控相关的管理意识没有得到相应的普及，工作的效率也没有得到保证。对企业的领导者和领导层面来说，内部控制管理的重点是规范未来发展的方法，却忽视了管理职责的履行监督。除此之外，管理者将重点放在生产情况的监督上，认为内部管理和内部的监督是等同的关系。从企业员工的角度来说，员工们一直都是被安排的角色，缺乏主动工作意识，也不了解内部管理的内容。

2. 内控体系不健全

从内部控制管理的现状来说，有一部分的企业虽然非常重视内部控制管理发挥的作用，但是实际获得的效果并没有达到预期，背后的重要原因是没有建立起完善的管理体系。企业的领导者没有意识到内控管理的重要作用，没有建立起相应的管理部门，岗位的职责也没有得到完善。所以，企业领导者在进行企业管理的过程中，缺乏内控管理意识，管理工作的开展完全依靠自己的实际经验，无法跟上现代企业管理发展的脚步。大多数企业没有建立起完善的内控管理体系，因此出现了工作职责不明确的问题，影响了工作开展的效率。常见的问题有包装验收项目没有达到标准、采购效率低下、采购计划不准确等。

3. 监督机制不健全

许多企业内部监督的开展依靠的是内审部门。事实上，内审部门属于财务部门的一个部分，内审部门和财务部门的上级领导是相同的，所以内部审计不具备独立性的要求。在一些情况下，内审的重要作用没有得到充分的发挥，部分企业内部的审计审查的内容不够全面，只关注会计科目和会计账册，没有充分规划好内部核查和内控制度的发展，导致内审存在一定的局限性。

（三）财务决策在企业内控管理中的作用

财务决策在企业的发展过程中发挥了重要的职能，具体表现在以下的四个方面：

（1）财务决策能够帮助企业的领导者在制定决策时更加具有计划性，能够结合企业的实际情况进行全面的考量。财务决策使用的决策方法在通常情况下都是较为科学、合理的，从而能够从根本上总结出决策对象的特征，透过现象看到本质。在财务决策的指导下，企业可以将那些发展前景不够明确的方案筛选出去，通过初步的过滤，将整个计划的准确性提高到一个新的水平。

（2）财务决策是企业财务活动的依据。财务决策是企业财务管理的核心。对于企业而言，许多重要的财务问题，如制定并决定好财务领域的发展方案，将财务活动的最终目标和实现的方式确定下来，并通过多种筹集资金的渠道将企业活动需要的资金准备好，合理安排好资金的使用途径，从企业的实际情况出发，制定最适合企业发展状况的财务决策，所以财务决策的制定和选择对企业的发展有着非常重大的作用。

（3）财务决策可以合理分配企业中不同类型的生产经营资源。企业的生产和经营不能脱离资源的作用，只有从不同的角度将资源安排妥当，使资源在各自的位置上发挥最大的作用，企业才能够获得最佳的收益。如果在分配资源时考虑资源的价值形态，那么资金的合理分配就是资源得以合理分配的基础，还需要财务决策对资金进行分配。财务决策可以通过各种方式对资源进行合理的分配，从而提高企业利用资源的有效性，提高资源使用的效率，创造最佳的收益。

（4）财务决策能够帮助企业管理者做好内控决策的制定，并对实施结果作出评价。经济效益是企业管理决策实施的最终结果，如企业日常生产涉及的投资内容和相关的决策就和企业的经济效益息息相关，并且企业的财务决策和经营决策有着非常紧密的联系。在一项具体的经营活动中，企业的财务决策和经营决策关注的侧重点是不同的，财务决策制定的侧重点是企业的资金使用情况和经济效益的水平，经营决策更加关注企业的整体发展情况，如企业的经营效果等。经营决策和财务决策的侧重点虽然有所不同，但是，最终都是为了促进企业的发展和壮大，企业可持续发展的目标也是决策制定者努力的方向。企业的领导者要借助财务决策的作用，实现选择最佳经营决策的目标，从而保证企业的经营决策能够顺利地开展。

三、财务决策视角下提高企业内控管理的对策

（一）提高全体人员对内控的认识

培养并加强企业全体员工对于内控管理的相关认知。企业的管理层就需要掌握相关的理论知识，学习先进的管理相关内容，确立科学、正确的管理价值观念，让每一个员工都能够主动地参与到管理的过程中来，让员工掌握行业内领先的管理知识，从而倒逼领导层内控管理意识和水平的提升；同时，需要从整个企业的角度提高风险的防范意识，只有从多个方面提升了内控管理的制度，才能够发展企业的内部环境，培养员工的专业能力。

要建立起一套较为完善的信息传递制度，改善企业内部出现的信息不对称问题，让每一个员工都能够了解自己的岗位责任，起到促进内控管理工作效率的作用。

在企业进行内控管理的过程中，最重要的就是从以人为本的原则出发，为员工的发展提供充足的空间，在专业工作的培训活动中提升员工的专业水平和职业素养，提高用人机制的质量，培养员工的思考习惯，在自我成长中完成既定的工作目标。

（二）健全内控体系

1. 完善企业内部的各种环境内容

在企业的环境中，虽然有很多影响的环境因素，这些因素包括人力资源、激励的目标机制、最终的目标、内部的具体结构、价值取向等内容，但是环境并不是一成不变的。如果想要对企业的内部环境进行完善，就需要在实际的情况中发展和完善企业的相关制度，要明确的是内部控制的主体都有哪些，提前制定好最终的发展目标，在实施的过程中，使用正确的管理办法，并招聘技能水平较高、经验较为丰富的相关人员。

2. 及时对存在的风险进行评估

在内部控制的环境中，虽然存在很多变动的因素，但是从成本效益的角度出发，必须对能够影响企业经营目标的因素进行评估，并分类总结出不同的风险类型，提前预估风险，做好风险的预警，达到规避风险的目的。在一般情况下，风

险分为两个方面的内容，即有工作目标的风险评估和风险控制的建议。

3. 提高控制活动的效率

对于企业的员工来说，必须要建立起职责分离的意识。因为职责分离的工作原则在大部分的企业中已经十分普遍了。职责不能够分离的原则已经成为企业活动开展的基本原则，职责必须处在一个相互制衡的状态，在两者的关系处于平衡之后，确定不同岗位的具体职责，这样不仅能够让所有的员工都明确自己工作的内容，还能够达到同事之间相互监督的目的，提升工作效率。所以，可以针对不同岗位的情况，统一制作出与工作内容相一致的工作流程图，在流程图中应该明确标出员工的职位和职责，从而使工作的结果是准确的。从发票的管理内容上来看，票据可以很清楚地反映出交易的客观情况，如经营的性质和具体价格等。

另外，处在收款、记账等岗位上的员工，都要保存好经手的账单，在固定的一段时间内，取消账单，并检查好财务等事物，防止出现重复记录的情况，这样做的目的是保证所有的资金都能够按照规定记录在账户上。在对资产的使用情况进行记录时，可以通过查阅使用记录的方式完善资产和相关记录，保证资产和记录可以通过现代和传统两种方式保存下来。

为了实现企业的管理目标，还应该尽快确立起奖罚的制度，使用制度来提升员工工作的效率，企业的所有部门都应该建立起绩效考核的相关会议，完善历史经验，促进企业的发展。

（三）完善外部监督机制

信息的沟通和传递促进了企业内部控制和外部监督的开展。在信息的帮助下，企业的经济效益也会得到较大的提升，如果企业的不同部门之间以及企业与其他企业出现了信息不对称的情况，就可能会严重影响到企业的生产和管理活动，从而阻碍了企业发展的过程。所以，企业必须建立起一个有效的信息机制，促进企业信息的交流，工作人员可以从以下四个方面进行：

（1）建立起一种能够及时收集并识别信息的体制，这样才能够保证信息的沟通与使用。这一体制的作用有更新最近的管理理念，促进上下级的沟通等。

（2）建立起信息沟通的路径。信息沟通的制度要从不同的业务类型出发，对企业的内部控制制度进行适当的修改，并提前准备好相关的报告，从而能够保证财务的信息被相关人员所使用，让企业的领导层和审计人员尽快获得相应的信息，了解企业的经营活动，另外，还要提升企业员工对企业活动内容的了解程度。

（3）建立起收集并能够对信息作出反应的机制。例如，可以将使用邮件、免费电话等手段作为信息收集的渠道，让员工投资有门，从而提升员工反映企业问题的积极性，并通过多种方式提升员工的道德水准，保证员工都能够遵守企业的规章制度。

（4）不断健全内部控制和外部监督之间的沟通桥梁。要从公司的治理结构方面出发，管理人员从内部控制和外部监督的沟通方面入手，设立相关的部门，这一部门可以使用建立内部监督管理委员会、使用独立董事方案等。独立董事属于外部监督制度的一种，同时独立董事能够提升企业的相关能力，也能够促进内部控制体系的发展和完善，外部监督的水平也会随着内部管理水平的提升而提升。

第二节　营运资金管理与决策

一、营运资金的基础理论

（一）营运资金的基础概念

营运资金是企业的流动资金，主要用于企业的生产和经营活动。营运资金分为广义和狭义两种，从广义上来说，营运资金是企业流动资产的总额度；从狭义上来说，营运资金也可以称为净营运资金，是在流动资产总额度的基础上减去多种流动复杂后形成的。

营运资金管理并不是对流动资产减流动负债后的余额进行管理。营运资金管理有三层含义：一是对形成营运资金的重要组成部分，即流动资产的管理；二是对形成流动资产的资金来源，即流动负债的管理；三是对流动资产与流动负债相互关系的管理。

营运资金管理重在解决流动资产的合理、有效使用。从对利润贡献的角度来看，重点解决的问题在于提高使用效率和效果，使流动资产结构、使用效率即周转速度、持有量合理。营运资金管理同时是为了解决流动资金的正常循环、周转的问题。流动资金就使用而言，形成了流动资产；就形成的基本来源而言，主要表现为负债。资金从哪来，用到哪去，永远是资金循环、周转的基本思考。流动资产与流动负债的不同相互关系，形成了不同的营运资金管理政策。

（二）营运资金的特点

与非流动资产相比较而言，流动资产具有周转时间短、易变现、形式多样、数量波动大等特点；与非流动负债相比较而言，流动负债具有融资速度快、财务弹性高、筹资成本低和偿债风险大等特点。结合流动资产和流动负债的各自特点，营运资金一般具有以下特点：

（1）资金的来源是多样化的。企业筹集资金的方法通常较为单一，有发行债券、发行股票、吸收直接投资等方法。和其他长期性的筹集资金方式相比，企业筹集资金的方式更加灵活，如应付职工薪酬、应付股利、应交税费、商业信用、短期融资债券、银行短期借款等多种的方式。

（2）资金数量的变化较大。流动资产数量通常会受到内部环境和外部环境变化的影响，季节性和非季节性的企业都是这样的情况。流动负债的数量也会受到流动资产变化的影响。

（3）资金的周转时间较短。一年或者一个营业周期之内，企业在流动资产上投入的资金就会被收回，不会对企业生产和经营产生较长时期的影响。

（4）资金的实物形态非常容易受到影响，具有易变现性和变动性两种性质。营运资金的变动性体现在营运资金的每次循环都要经过采购、生产、销售等过程，并按照固定的顺序进行转化。在进行流动资产的管理过程中，为流动资产分配合适的数额，实现资产结构的平衡，从而达到实现资金顺利周转的目的。同时，存货、应收账款、交易性的金融资产变现的能力都较强，如果出现了意外的情况，如企业的现金流不足时，便可以利用这些可以变现的资产，获得相应的现金。

（三）营运资金的管理原则

在企业的资金中，营运资金占据了大量的比例，也是维系企业生产经营活动、为企业提供利润的重要支撑。具有周转期短、形态易变的特点，是企业财务管理工作的重要内容。营运资金的管理既要保证有足够的资金满足生产经营的需要，又要保证能偿还各种到期债务。企业营运资金管理应遵循如下原则：

1.提高资金使用效率

营运资金的周转是一个转化的过程，也就是企业的现金进入生产经营活动之后转化为现金的过程。加速资金周转是提高资金使用效率最重要的手段，因此企业应加强企业内部责任管理，使营销手段多元化，适度加速存货周转，缩短应收账款的收款周期，以改进资金的利用效果。

2.节约资金使用成本

在企业运作过程中，营运资金的数量取决于生产经营规模和流动资产的周转速度，如果企业的生产经营活动非常顺利，则流动资产和流动负债都会出现一定程度地上升；如果企业的生产经营活动不顺利，产量减少，流动资产和流动负债则会出现一定程度地下降现象。所以，企业应该从多种角度考虑，明确营运资金的水平，既保证企业生产经营的需要，又不因资金过量浪费。同时，充分运用筹资手段，权衡需要与资金成本，避免盲目筹资带来的资金成本拖累。

3.保持足够的短期偿债能力

应根据企业经营特点合理安排营运资金结构，即流动资金与流动负债之间的比例关系，提高企业的短期偿债能力。根据企业性质和经理人能力确定不同的营运资金筹资与投资策略，最大限度地减少或避免营运资金风险。

二、营运资金管理的方向

（一）营运资金管理目的

营运资金管理主要是对流动资产及为维持这些流动资产的水平开展的相应活动的管理。适当数量的营运资金是一个企业得以开展生产和经营的前提条件，所以，在企业的财务管理中，营运资金是不可缺少的一个部分。营运资金管理的主要目的如下：

（1）保持企业资金具有充分的流动性。企业拥有适度可变现的流动资金，不仅能维持企业的日常生产和经营，还能提升企业的偿还贷款能力，提升企业的筹资能力。

（2）提高周转效率。通过对营运资金各个项目的管理，可以加速营运资金的周转速度，不断降低一定时期内营运资金的持有数量，降低持有成本，最终达到提高企业盈利能力的目的。

(二) 现金管理及其策略

现金是企业流动性最强的货币性资产，具有普遍的可接受性。现金也有广义和狭义的区别。广义的现金指的是在货币形态上存在的资产，如货币资金、银行存款、库存现金等；狭义的现金是企业内部存有的现金。这里指的是广义上的现金。

1. 现金收支的日常管理

企业应加强现金的日常管理，提升现金使用的效率。现金的日常管理主要有三种，分别为现金收支管理制度的建立、制定并执行现金的预算、对现金的日常收支进行管理。

(1) 建立和健全现金收支管理制度

①确定现金收支的不同职责，并建立起相应的内部控制制度。应该有专人负责现金的记账和保管。在企业内部的管理过程中，聘用专业的人员负责现金的相关工作，现金和账面应该是分别保管记录的，也就是对于出纳人员和会计人员的职责必须进行明确，且两个岗位不得兼任。每一次现金的业务都必须由两个及以上的人员共同处理。

②对现金的收支手续进行严格的要求。凭和据是现金收支活动不可或缺的两个内容。双方必须做好清点的工作，并当面核实。

③日清月结是现金收支工作的要求，只有认真落实这一要求，才能够使得现金的账面余额与库存现金相符合，银行对账单和银行存款的账面相符合。

④贯彻落实相关的现金使用规定，所有企业在使用现金和结算时必须按照国家《现金管理暂行条例》和《银行结算办法》的规定进行。

(2) 编制和执行现金预算

现金预算的作用反映出企业当前所需要的现金和未来可能出现的资金变动，从而估计出资金使用的时间，并安排好现金的收支，确保企业的现金能够处在一个稳定的水平。现金预算的编制在整个现金管理中具有重要的作用，也能够促进财务管理的发展和完善。现金预算的制定应该按照月、周、日的顺序合理开展。

（3）进行现金日常收支的策略管理

在对日常的现金进行收支管理的过程中，通常使用的方法是控制现金的收支，促进现金流的流动、缩小现金的周转流程，从而提升现金的流动效率。所以，对现金日常收支管理的主要方式是延缓付款、加速收款，以下是具体的内容：

①加快收款的速度。这一策略主要是指缩短客户汇款一直到企业收到汇款的过程。为了缩短这个过程，人们通常会选择工作效率较高的银行，另外，还会使用两种方法，分别是邮政信箱法和银行业务集中法。

第一，邮政信箱法。这一方法也被称为锁箱法，是国外企业加快现金收回速度的一个方法。具体的使用方法为企业租下邮政的信箱，将开启信箱的权力授权给开户的银行，在收到支票之后，可以实现较快的结算速度，也可以使用电汇的方式，将货款汇到企业所在区域的银行，这一方式提升了收款效率。需要注意的是，采用这种方法成本较高。

第二，银行业务集中法。这一方法使用的是设立收款中心的做法，具体而言，就是企业授权给一个所在区域的银行作为集中银行，根据收款额的分布地区，设立多个收款的中心，客户在收到账单之后，可以直接将现金汇到收款中心，中心收到货款之后，存到当地的集中银行。

这一做法的优势就是减少了票据的邮寄时间和票据存放的时间，这样一来现金周转的时间也就减少了。采用银行业务集中法须在多处设立收账中心，每个收账中心的地区银行都要求有一定的补偿性余额，这样开设的收账中心越多，由补偿性余额带来的闲置资金也就越多，另外，设置收账中心需要一定的人力和物力，增加了相应的费用支出。

②延缓付款。现金支出管理的重点是控制现金支出。与现金收入管理加速收款速度相反，现金支出管理应尽可能延迟现金支出的时间，这样可最大限度地使用现金。

第一，使用现金浮游量。现金浮游量就是企业账户中剩余的现金和银行账户上所示的存款余额之间的差距数额。"浮游量"实际上是由企业与银行双方出账与入账时间差造成的。在这个时间差内，企业虽已开出支票，但仍可动用银行存款上的这笔资金，以实现充分利用现金的目的。

第二，控制现金支出的时间。现金支出的时间是指企业在经济活动中，在维持自己信誉水平的前提下，尽可能利用商业信誉，延迟应付账款的支付时间。例如，在采购材料时尽量争取最大的信用期限，尽可能在享受现金折扣的期限内延迟付款，同时最好使用能够延长现金实际流出时间的方法，如商业票据付款、期票付款、赊购的方法，都可以最大限度地利用现金，提高现金使用效率。

第三，力争现金流量同步。企业在安排现金流出时，要考虑现金流入的时间，使两者的时间尽量趋向一致，这意味着企业的现金收支足以满足现金支出的需要。这种方法不仅能够减少企业保存的现金数量，还能够降低现金转换的成本。

2. 现金的日常控制

（1）现金流动同步化

企业的现金流很难准确预测，这是因为有很多不确定性会影响现金流的大小。为了应对这些不确定性，企业通常会多保留一些现金。为了降低企业保留现金所带来的成本增加和盈利减少，企业管理人员需要提供预测和管理的能力，使现金流入和流出趋于合理，进而实现同步化的理想效果。现金流同步化的实现可以使企业的现金余额减少到最小，从而减少持有成本，提高企业的利润。

（2）合理估计浮存

浮存是指企业账簿中的现金余额与银行记录中的现金余额的差额。由于企业支付、收款与银行转账业务之间存在时滞，会使企业账簿与银行记录之间出现差异。财务人员必须了解这个差异，正确判断企业的现金持有情况，从而避免出现高估或低估企业现金余额的错误。

（3）实行内部牵制制度

在现金的管理过程中，要遵循会计原则的要求，使不同岗位的财务人员可以达到互相牵制的效果。如果涉及库存现金的收付款，则应坚持复核制度，以减少差错。出纳人员必须重视交接的重要性，确保职责明确。

（4）及时进行现金的清理

在现金的管理过程中，要遵守日清月结的要求，保证现金的余额和账面上记录的数量是统一的。

(三)应收账款管理及其策略

1. 应收账款的概念

应收账款是企业因为生产经营活动应该向付款方收取的款项。虽然企业对外赊销产品、材料、供应劳务等应向对方收取，但是还仍未收取的款项，包括应收票据、其他应收款、应收销售款等。应收账款的存在促进了企业之间商业信用的形成，是货物与现金在时间上尚未达到统一的结果。这种形成时间差的局面，在短期内为企业提供了收入，也带来了经营方面的风险。所以，为了解决这一问题，在应收账款的管理中，应该发挥出应收账款独特的功能，还要降低成本，实现投资获得的收益。

2. 应收账款的形成原因

（1）市场竞争

企业为了扩大销售，迫于竞争的需要向顾客提供信用业务，即赊销。网络经济时代，市场竞争更加激烈，在各种类型的营销方式之外，赊销也逐渐成为一种营销手段。为了给顾客让利，使顾客可以从赊销中得到好处，实行赊销商品的销售额通常占比较大。当企业采取赊销方式时，应收账款就应运而生了，应收账款是商业信用的一种类型。

（2）销售和收款时间不同步

由于买卖双方选择结算方法的原因，销售和结算的时间不同步也会导致应收账款的产生。对于大规模生产与批发的企业，发货时间和收到货款的时间不能够统一，货款的结算需要一段时间。如果结算手段和方法不能够进步，则结算的时间也会变长。

3. 应收账款的管理政策

应收账款的管理需要政策，这些政策被称为信用政策，是企业利用应收账款的准则。公司应该建立一套程序，以免在每次收到订单时都要对贷款进行评估。这套程序的一个简单方法是给每个客户建立一个信用额度，它是公司每次允许对某个客户的最大信用额度。事实上，信用额度代表了公司愿意承担的最大风险。信用额度必须定期重新评估，以确保它与应收账款的变化保持一致。

（1）信用标准

信用标准是客户想要获得企业商业信用的前提和要求，是企业愿意承担的最大的付款风险的金额，通常以预期的坏账损失率为评判标准。如果企业较为严格地执行这一标准，虽然会减少一定的损失，但是企业的销售量可能不会得到提升，甚至可能会错失企业的销售机会；如果企业不认真执行信用标准，放松了对客户的赊销要求，虽然销售量可能会提升，但是也会增加应收账款的管理成本与坏账成本。企业应该根据具体情况进行定性或定量分析并权衡。

（2）信用条件

信用条件是客户进行赊销的基础条件，有现金折扣、信用期限、折扣期限三种类型。信用期限就是时间上的期限，指的是客户从购买到付款的企业所允许的最长时间。折扣期限是客户需要在一定付款时间期限内付款，才能够实现的折扣。现金折扣是客户提前付款时给予的优惠，向客户提供价格上的折扣，现买现付的目的是快速获得资金，减少企业的收款周期。

（3）收账政策

如果企业在信用条件遭到违反的情况下，使用了一定的收款策略，那么这些策略就被称为收账策略，这种方式在一定程度上会减轻企业的损失，但是收账的成本也增加了。如果不积极使用收款的政策，应收账款就会增加，损失也就会增加，但是收账的相应费用却会减少。企业需要参照信用标准、信用条件来评价收账政策。

（四）存货管理及其策略

1. 存货与存货管理

存货是企业为了应对销售情况而准备的物资。存货的管理直接影响着企业的生产和经营活动，进而影响着企业的生产风险和资金风险情况。

2. 存货管理的目标

存货包括各类材料、在产品、半成品、产成品或库存商品，以及包装物、低值易耗品、委托加工物资等，一般分为原材料存货、在产品存货和产成品存货。

存货的流动性不足，变现能力也不强，在一般企业短期资产中占有比例较大，一般为40%~60%。存货资产在流动资产中所占比例的大小，直接关系着企业资产的流动，对企业的偿还贷款能力有较大的影响。在同一企业内，存货所占比例的大小，与市场条件和企业的经营状况有直接联系。如果所占比例过大，则会导致资金的大量闲置和沉淀，影响资产的使用效率。所以，降低存货时产生的成本成为存货管理的目标，其主要表现在以下几个方面：

（1）保证生产顺利进行

在企业的生产之前，需要掌握生产过程中需要的原材料。为了生产的顺利开展，原材料的数量必须得到保证，否则会出现生产中断的现象。虽然一些企业已经开始了网络化的自动化管理，但是依然很难达到存货量为0的目标。

（2）有利于销售

如果企业拥有充足的存货，那么企业在销售过程中就掌握了主动权，适应性也提高了。充足的存货量可以应对市场需求突然增加的情况，否则可能会错过销售的机会。另外，为了节省其他的费用，可以采用批量采购的方式。有的时候企业为了一次运输尽可能多的货物，也会采用成批运输的方式。所以，为了提升市场销售量，需要准备一定的存货。

（3）便于维持均衡生产，降低产品成本

一些企业中的产品季节性的特征较为明显，如果严格按照相应的生产需要来安排生产，则有可能会出现生产能力不能够达到平均水平的情况，有的时候又会出现超负荷生产的情况，最终会导致成本的上升。为了能够达到降低成本的效果，合理安排生产，就需要对产品的存货进行提前储备，并保证原材料的储备是适当的。

（4）降低存货取得成本

通常情况下，企业的采购情况和进货的成本有着密切的关联。供货商为了提升客户对产品的购买能力，很多时候会采用打折的方式，所以企业将进货进行集中的安排，不仅可以降低进货的成本，还可以减少订货的具体次数，从而降低总体的进货成本。

（5）防止意外事件的发生

企业在日常的生产和经营的过程中，意外事件时常发生，所以需要做好物资的准备工作，应对意外的发生。

3.ABC分类管理法

ABC分类管理法在实施之前，需要明确一定的标准，将企业的存货分为三种类型，根据划分好的类型，对货物进行存货的管理。

在一个企业的内部，货物的品种是多种多样的，尤其对于大型的企业来说，货物的类型可能会达到上万种。不同类型的存货对于企业的作用也是不同的，我们需要进行详细分析。可以确定的是，企业不需要对所有的存货进行严格管理。ABC 分类管理法就可以实现分类管理的目的，使得企业提高存货管理的工作效率和实际效果。

（1）存货 ABC 分类的标准

品种数量标准和金额标准是分类的两个标准。金额标准是最基本也是最为重要的标准，品种数量标准起到辅助的作用。

A 类存货涉及的金额较大，但是品种的数量较为单一；B 类存货涉及的金额适中，但是货物的品种数量相较于 A 类存货来说多一些；C 类存货的品种数量最多，但是涉及的金额并不大。如一个拥有上万种商品的百货公司，家用电器、高档皮货、家具、摩托车、大型健身器械等商品的品种数量并不很多，但价值额却相当大。大众商品的货物种类数量大，但是价值额相对小一些。日杂用品货物数量更多，有日常用品、化妆品、纽扣、针线等多种类型。可见，由于 A 类存货占用着企业绝大多数的资金，所以应集中主要力量进行管理，对其经济批量、收入和发出要作出合理规划和控制。B 类存货涉及的金额数量较小，企业不需要像关注 A 类存货那样过于关注 B 类的存货，在管理 B 类存货时，企业可以将 B 类货物划分为不同的类别。C 类存货虽然种类最多，但是总金额并不大。

（2）A、B、C 三类存货的具体划分

划分的过程可以分为三个主要的步骤：第一，按照企业内部的存货总结出明细表，并根据存货的价值计算出货物所占总金额的占比；第二，将金额数按照降序进行排列，并将百分比相加；第三，如果金额百分比达到了 70% 的水平，这些存货就被划入 A 类存货的范围。

（3）ABC 分类法在存货管理中的运用

在对存货进行 ABC 分类之后，可以帮助企业掌握重点，并采取一定的对策对存货进行管理。企业在进行进货的分析过程中，对 A、B 两种存货可以按照类型、品种的分类方法进行分析，对于 C 类的存货来说，重点是进行灵活的了解。另外，企业还可以使用 ABC 分类法，对消费者的消费倾向进行分析，从而大致计算出存货的需要量。这样不仅能够提升购进和销售货物的有效性，还能够提升企业对货物的实际控制效果。

4.及时生产的存货系统

及时生产的存货系统（Just-in-time System，JIT），是一种能够合理安排企业产供销过程的规划，确保从原材料采购到产品销售的每个环节都能够实现紧密衔接，减少价值产生较低的作业出现，减少库存量，减少浪费，从而达到降低成本的实际效果，提升产品的质量，让企业的效益达到最大的水平。

（1）及时生产的存货系统的原理为在需要货物时才向供应商进货，这样就可以达到减少库存数量的目的；只有接到订单之后才开始生产的工作，达到避免产品存货堆积的问题。这一存货系统要求企业按照生产的实际需要安排物资的传送，使得物资可以跟上生产的速度要求，最终可以降低存货的实际数量。

（2）及时生产的存货系统的优缺点。这一存货系统可以降低货物保存中使用的成本；提供生产的效率，并减少订单的等待时间；降低担保、再加工的成本。及时生产的存货系统也有一些缺点，如果出现了协调配合不顺利的情况，不仅供应链会出现问题，生产的效率也不能够得到保障，直接影响企业的生产和经营。另外，为了确保产品能够按照合同的约定进行配送，供应商可能会提升价额，这也会增加企业的成本。

第三节 投融资管理与决策

一、企业投资及其管理

（一）投资的基本概述

1.投资的概念

投资是指企业投入财力，以期望在未来获取收益的一种经济行为。投资活动不仅从根本上决定了企业的盈利能力，也决定了企业的经营风险，是构成现代企业财务管理的一项重要内容。

2.投资的目的

（1）提高资金的使用效率，获得收益

通过投资构建和配置，企业形成各类资产，然后开始从事某种商品经营活动，从而获取一定的经济收入。只有通过投入资本形成经营能力，企业才有可能从事某种特定的经营业务，获得经营利润。同时，还有一些通过购买股票、债券等形式来向企业进行资金投资，从而获得一些股票与债券的利息投资收益。除此之外，还可以通过债券转让的形式来获得资本利益。

（2）实现多元化经营，分散企业风险

企业通过分散资本的投向实行多元化经营，可以达到降低风险、避免损失的目的。如果想要对企业拥有全部或者部分的控制权就可以采用长期股权投资的方式。企业可以通过获得稳定的原材料供应，或者扩大市场占有率等方式，取得局部垄断优势。

（3）实现资本扩张和企业的战略转移

企业可以通过投资扩大经营规模或范围，甚至开拓新领域或者收购兼并等方式实现资本扩张和战略转移。

3. 投资的方式

根据不同的分类标准，企业投资的方式可以分为不同的类型，具体如下：

（1）直接投资和间接投资

按照投资行为的介入程度划分，可以将投资分为直接投资与间接投资。直接投资就是投资人将自己的货币资金直接投入项目当中，形成一种实物的购买与投资。直接投资的收益主要是资产或项目的直接经济效益。间接投资是指投资人以其资本购买股票、债券等有价证券的投资，其收入来源为间接取得的利息或股利收入。

（2）长期投资和短期投资

这是按照投资期限或投资回收期的长短来划分的。长期投资是指投资期在一年以上的各类投资，如对长期金融资产和企业厂房设备的投资。短期投资是指预期在一年以内收回的各类投资，如各类短期证券的投资。

（3）对内投资和对外投资

按照投资的方向来进行划分，可以将投资分成对内投资与对外投资。对内投资就是投资人将资金投入自己企业的内部，通过投资人对自己企业的投资形成企业的资产，能加强投资人自身的经营实力。对外投资是指投资人将资金投入其他企业或购买各类金融资产。

（二）企业投资的意义

对企业的生产经营进行研究与分析可以发现，企业只有通过资金的投入才能拥有生产能力，从而获得经济效益。

1. 投资是企业生存与发展的基本前提

研究发现，企业的生产经营就是企业资金使用、资产形态转化的过程。投资从本质上说就是一种资本支出的行为。通过对企业的投资，企业将流动资产和长期资产转化成生产能力和生产条件。其实，无论是新成立一家公司，还是建设一个新的生产流水线，这些都属于投资行为。企业可以将投资作为手段，树立经营方向，对企业各项资产进行分配，并且使其有机地融合在一起，从而形成企业生产经营综合能力。由此我们可以发现，企业要想进入一个新的行业，或者开发一个新的项目，首先要做的就是对项目进行投资，所以通过这个方面，我们也可以看出，投资决策是否正确直接影响企业的成败。

2. 投资是企业获取利润的基本前提

在企业经营的过程中，对项目进行投资的主要目的就是想要通过一定的资本来对项目进行垫付，然后形成企业各种生产经营的资本，企业对其进行生产经营活动，进而获得经济效益。对企业的投资有购买股票、证券的形式，然而这种投资利益可以通过获得股利或者债息的方式实现，同时还可以通过证券的转让方式来获得资本利益。

3. 投资是企业风险控制的重要手段

企业在运行过程中，总会面临各种各样的风险，这些风险当中包含着市场竞争带来的隐患、资金周转的风险，还有原材料涨价、费用居高不下以及其他成本投入的风险。投资对于控制企业风险来说至关重要，通过投资可把资金投入企业生产经营的薄弱环节，企业的生产经营能力将会实现匹配、均衡与和谐；通过投资企业可实现多元化经营，具体来说就是把资金投入与运营相关程度不高的各种产品或者各种产业中，这样就可以将企业的风险分散，从而让企业获得稳定收益。

（三）企业投资管理的特点

对企业的所有活动进行观察我们可以发现，企业的经营活动与投资活动并不相同，投资活动对企业的经济利益有着十分长远的影响。而且，当企业投资所涉及的资金越多，投资的时间越长，投资对于企业的影响就越大。将其与企业的日常经营活动进行比较，我们可以发现，企业的投资管理具有以下三种特点：

1. 属于企业的战略性决策

企业的投资活动一般情况下是在企业改变经营方向或者扩大生产规模的时候进行的，所以企业的投资活动在某种程度上来说也是一种战略性的决策。具体的活动主要包含厂房设备的新建与更新、新产品的研制与开发，以及对其他企业的股权购买等。

企业的生产要素主要就是指劳动力、劳动资料和劳动对象，这同时也是企业进行日常经营活动的前提条件。然而，企业主要就是对劳动资料方面进行投资，主要包含生产经营所需要的固定资产与无形资产。企业投资的对象也可能是生产要素综合体，即对另一个企业股权的取得和控制。这些投资活动直接影响企业未来的经营发展模式和方向，是企业简单再生产得以顺利进行并实现扩大再生产的前提条件。因此企业的投资要在生产经营活动之前，而且这些投资活动不仅需要一次性地投入大量的资金，而且还要在经过很长的时间后才能对企业的经营活动产生影响。

2. 属于企业的非程序化管理

企业里有一些经济活动是每天都要反复发生的，如原材料的采购、员工的雇用，产品生产制造以及产品的出售等，我们把这些每天发生的经济活动称为每天例行性活动。这种活动会定期反复出现，并且存在着某种规律，因此我们可以对其进行程序化管理，具体来说就是按照设定的流程与步骤来管理每日的例行性活动。但是还会有一些经济活动并不是反复出现的，如新产品的开发、设备的更新以及企业兼并等。而我们把这些活动称为非例行性活动。对其进行研究我们可以发现，非例行性的活动只可以对一些特定的问题进行，而且还要根据具体影响因素进行分析，根据一些特定的标准与要求来加以查验与选择。因此，对于管理这种非重复性的具体经济活动，我们将其称为非程序化管理。

一般情况下，企业进行投资所涉及的金额数量较大。因此对于项目的管理不仅是一个投资问题，同时还是一个资金筹集的问题，尤其是对项目的设备进行购买与建设或者是对其他企业进行并购的时候都需要筹集大量的资金。

对企业项目进行投资所波及的时间较长。在对企业进行投资之后，企业会形成自己的生产条件和能力，这些生产条件及生产能力的使用期限都较长，而且直接对企业的经营周期产生作用，还会间接地影响流动资产在日常业务中的分配和分布。

企业投资活动关系到企业未来运营与发展的方向、规模的大小等重要事项，在企业经营活动中并不经常出现。因此，企业的投资活动具有一次性和独特性的特征，而且投资管理是一种非程序化的管理，所以每次投资的背景、特色、要求等，都各不相同，也没有明显的规律可以遵循，因此对项目的投资管理要缜密思考、仔细考量。

3. 投资价值的波动性大

投资项目的价值主要是由对项目投资后这个项目能够获得的利益决定的。在市场的经济活动中，项目的物产资源是不断转换的，所以资金在项目的未来收益中也会有一定变化，因此对项目的投资价值也是具有一定波动性的。那么，是哪些因素在影响着投资的价值呢？具体来说，主要是市场利率、物价等外部因素。所以，在对项目进行投资的时候要充分考虑时间价值与风险。一般情况下，企业对项目进行投资后，变现能力较弱的主要原因就是投资的大多都是一些机器设备，所以变现周期较慢。但是，对于这些方面进行资产投资的主要目的不是变现，因此投资项目的主要价值也是不能确定的。

二、企业投资管理的具体划分

（一）对外投资

对外投资是指企业在符合国家有关政策法规的前提下，通过现金等实物资产或者股票、债券等有价的证券方式来向其他企业进行投资。

1. 对外投资的主要原因

（1）企业在经营过程中存在闲置资金

为了提高资金的使用效益，企业须积极寻找对外投资的机会，如购买股票等短期投资，最终目的是获得高于银行存款利率的投资收益率。

（2）分散资金投向，降低投资风险

现代企业资本管理的一项重要原则是使资本分散化，以便降低风险、控制风险。

（3）稳定与客户的关系，保证正常的生产经营

企业为获得稳定的原材料来源，必须与原材料供应商保持良好的业务关系，可通过购买有关企业的股票或向有关企业投入一定量的资金，控制或影响其经营活动。

2. 对外投资的分类

（1）按照对外投资的目的及期限划分

对外投资按其目的和期限的长短不同，划分为短期投资和长期投资，这是对外投资最基本的分类。

（2）按照投资的性质及形式划分

对外投资按其性质和形式不同，可分为有价证券投资和其他投资。

（3）按照投资的经济内容划分

对外投资按其经济内容的不同可分为货币资金投资、实物投资、无形资产投资。

3. 对外投资管理

（1）确定投资目标

企业根据经营总目标，结合自身的实际情况，确定投资目标、选择投资客体即确定向谁投资、投资于何项目等。

（2）选择投资类型

企业根据投资目标，选择进行短期投资还是长期投资，是有价证券投资还是其他投资，是用现金、实物投资还是用无形资产投资等。

（3）进行可行性研究，选择最佳方案

企业应围绕投资目标，提出各种可行性方案，并对投资方案的收益、风险等进行全面分析、综合评价，从中选择最优方案。

（4）组织投资方案的实施

当投资项目完成或在投资项目执行中，要用科学的方法对投资业绩进行评价。通过评价，总结经验教训，及时反馈各种信息，为以后投资决策提供依据，并适当调整原有投资对象，以利于实现投资目标。

（二）证券投资管理

证券是指票面记载有一定金额，代表资产所有权或债权，可以有偿转让的凭

证。那么,证券投资主要就是有价证券投资,具体来说就是将资金使用在对股票、债券等金融资产的投资上。证券投资通过购买金融资产,将资金转移到筹资企业中并投入生产活动,这种投资又称为间接投资。

1. 证券的分类

(1)按性质分类

证券按其性质可分为债权性证券、权益性证券和混合性证券。

(2)按持有时间分类

证券按其持有时间可分为短期证券和长期证券。

2. 企业证券投资的目的

(1)短期证券投资的目的

短期证券投资的目的是替代非营利的现金,以便获得一定的收益。

(2)长期证券投资的目的

长期证券投资的目的是获取投资报酬、获取控制权。

3. 证券投资的风险与报酬

(1)证券投资的风险

进行证券投资,必须承担一定的风险。证券投资风险可划分为以下四类:

①违约风险。违约风险指证券发行人无法按期还本付息的风险。

②利率风险。股票和债券的价格随市场利率的变化而波动,市场利率上升,证券的价格就会下跌;反之,证券的价格就会上升。

③购买力风险。若出现通货膨胀,货币购买力就会下降。

④变现力风险。证券在短期内是无法按合理价格出售的。

(2)证券投资的报酬

企业证券投资的报酬主要包括两个方面:证券的利息和股息、证券买卖的价格收入。

(三)债券投资管理

1. 债券投资的特点

债券投资的特点主要如下:

（1）本金的安全性高

债券的利率是固定的，债券本金的偿还和利息的支付有法律保障。债券的发行数量有限，只有高信誉的筹资人才能获准发行债券。

（2）收益稳定

债券可以获得固定的、高于银行存款利率的利息，债券发行人有按时支付利息的义务。

（3）流通性强

债券的流动性仅次于银行存款。当持有者需要资金时，既可以到证券市场上将其卖出，也可以将其作为抵押品而取得一笔抵押贷款。

2. 债券投资收益及管理

债券投资收益是指债券到期或卖出时收回的金额与债券购入时的投资额之差。债券投资收益一般由两部分组成：一部分是利息收入，即债券的发行者按债券票面金额的一定比例支付给债券持有者的那部分货币。另一部分是买卖差价，即债券中途买卖时价格往往不一致，当买价低于卖价时，卖出者就会获利；相反，当卖价低于买价时，卖出者就会遭受损失。

债券投资收益的多少可以由投资收益率的指标来表示，债券投资收益率是指每期（年）应收利息与投资额的比率。

（四）股票投资管理

1. 股票的目的及其特点

企业股票投资的目的是获取股息收入和股票价格差异作为一般证券投资，并通过购买大量股票来控制企业。股票的主要特点如下：

（1）持有股票的股东一般有参加股东大会和分配公司盈利的权利。股东权力的大小，取决于股东所掌握的股票数量。

（2）股票变现很容易，持有股票的投资者可以随时出售股票以换取现金。

（3）股票价格由证券收益率与平均利率之间的比较关系决定，也受经济、政治和社会因素的影响。所以，股票价格与票面价值有较大的背离，从而为投机者提供了便利条件。

（4）购买股票基本上是股东的永久投资，购买后，本金不能退还。股票投资者的收益完全取决于公司的盈利能力，如果公司破产，股东就无法维持本金。

2. 股票投资的优缺点

（1）股票投资的优点

股票投资主要有三个优点：可以获得较高的报酬，购买力的风险可以有效降低，还具有一定的经营控制权。

（2）股票投资的主要缺点

股票投资主要有三个缺点：普通股对企业资产和盈利的求偿，居于其他债权人之后；普通股的价格受众多因素影响，很不稳定；普通股收入不稳定。

3. 股票投资损益及其管理

股票的收益主要就是投资者在购买股票后得到的投资收益，主要包括股息收益和股票价格差异收益。股息收入是投资者从股份制企业的税后利润中获得的投资回报；股票买入价格与股票卖出价格之间的差异，也称为资本收益，是指股票价格买卖之间的差额。若买价高于卖价，为资本损失；若卖价高于买价，为资本收益。股票投资收益率是反映股票投资收益水平的指标，是股票投资收益（包括股利和资本收益）与股票投资的比率。

当转让股票时，价格（不包括已申报但尚未收回和登记的股利）与其账面价值之间的差额，计入投资收益或投资损失。普通股票投资的潜在回报率高于其他投资，但普通股票投资也是风险最大的证券投资。在控制风险的方法中，最常见的方法是分散投资，即选择一些要匹配的证券，建立投资组合，抵消各种证券的回报和风险，使投资组合保持在特定的回报水平，以尽量减少风险；或将风险限制在愿意承担的特定水平，以尽可能获得最大化回报。

三、投资管理的原则

为了保证投资活动的顺利进行，适应所投资项目的特点和要求，作出合理的项目决策，实现项目投资的既定目标，我们需要制定并严格遵守投资管理的基本原则。

（一）可行性分析原则

一般情况下，如果项目投资的数额较大，而且占用资金的时间较长，那么一旦投资就将无法逆转，并且对企业的财务状况与经营状况有很大影响。所以，我们在决策是否投资的时候要制定严格的投资程序，同时还要对项目进行可行性分析。

投资项目的可行性分析在投资管理中占有重要地位，它的主要目的就是科学论证投资项目是否可行，而可行性分析主要包含四个方面，分别是环境可行性分析、技术可行性分析、市场可行性分析和财务可行性分析。从根本上说，项目的可行性分析就是根据当前环境、经济、市场等方面的状况来对项目未来的发展进行预测，从而比较项目的优劣，为投资决策提供建议与参考。

1. 环境可行性

环境可行性就是投资的项目具有最小的环境影响，并且能够产生最有利的效果，主要包括自然环境、社会环境和生态环境等因素。

2. 技术可行性

技术可行性是指投资项目所形成的生产经营能力在技术方面拥有适应性和先进性，主要表现在工艺、设备和地址方面。

3. 市场可行性

市场可行性具体来说就是企业所投资的项目是否能够得到市场的认可，并且拥有市场占有率，同时给企业带来资金可行性。

4. 财务可行性

财务上的可行性简单来说就是投资项目可以在经济上获得收益，这个好处不仅是显而易见的，还是拥有长远意义的。财务可行性是在完成环境、技术和市场方面的可行性之后，主要对技术可行性和市场可行性进行专项经济评价。并且，在这些方面中就包含资金筹集的可行性分析。

在投资项目的可行性分析中，财务可行性分析占据首要位置。投资项目的根本宗旨是经济效益，所以市场与技术可行性分析的落脚点也同样是经济效益，项目执行后绝大多数的绩效都体现在价值化的财务指标上。

财务可行性分析主要有以下几个方面的内容：第一，对收入、费用、利润及其他经营成果指标进行分析；第二，对资产、负债、所有者权益和其他财务状况指标进行分析；第三，对资金筹集与分配进行分析；第四是对资金流转与回收其他资金操作的过程进行分析；第五，对项目的现金流量、净现值以及内含报酬率的经济性效益指标进行分析；第六，对项目的收益和风险关系等方面进行分析。

（二）结构平衡原则

研究发现，投资是一个综合性的项目，不仅涉及固定资产等方面生产能力的构建与生产，同时还涉及生产能力发挥时所需要的流动资产的配置。与此同时，投资需要大量的资金支持，所以，在这一过程中会不可避免地出现资金的供需矛盾。那么，在投资的过程中，如何做到资源结构的平衡，是当前投资管理中对资金投放需要面临的重要问题与挑战。

因此，换句话说，对项目的投资管理也是一项综合管理。资金既要投放于主要生产设备，又要投放于辅助设备；既要满足长期资产的需要，又要满足流动资产的需要。企业在对项目投入资金的时候，一定要遵循结构平衡的原则，对资金进行合理分配，其中主要包含以下几个方面：固定资金与流动资金的配套关系、生产能力与经营规模的平衡关系、资金来源与资金运用的匹配关系等。

在实施完项目投资后，资金就会长期存在于具体的项目上，想要将资金退出与转化都是不容易的。因此，在对项目进行投资的过程中，要想让项目在实施之后顺利地进行下去，我们就一定要严格遵循结构平衡原则，减少资源的闲置与浪费。

（三）动态监控原则

投资动态监控，详细说，就是在投资项目执行的过程中，对其进行监控。尤其是对于那些工程量大、工期较长的建造项目来说，只有拥有具体的投资过程，才能根据工程预算对投资进行动态有效的控制。

投资项目工程预算，具体来说，就是指对总投资的各工程项目含有的分步工程、单位工程造价进行财务计划。因此，建设性投资项目应根据项目的进展情况进行投资，对于分项工程、分步工程与单位工程来说，我们要循序渐进地对资金进行拨付与结算，从而控制资金的消耗，避免资金的浪费。当工程建设结束之后，我们可以通过工程结算，对已经建成的项目数量与类型进行彻底的盘点与结算；然后，对所结算的结果进行合理的分析，对工程资产的账目价值进行合理的认定。

对于间接投资，尤其是对证券投资来说，在投资之前，我们必须对投资对象仔细分析，来确定其价值，按照风险和收益均衡的原则，理性选择投资对象。我们在拥有金融资产时，要广泛搜集投资对象及资本市场的有关资料，对被投资单位的财务状况、经营成果等情况进行全面调查，从而维护自身投资权益等。对于有价证券类的金融资产投资，其投资价值不仅由被投资对象的经营业绩决定，还受资本市场的制约。这就要求对资本市场中的资本供求关系状况进行剖析，分析市场利率波动的预期趋势，对投资价值进行动态估算，从而为证券资产转让与投资回收寻求最佳机会。

四、投资管理流程与决策方法

（一）投资管理流程

1. 分析投资环境

企业必须考察各地区不同的投资环境，把资金投向有利的环境。投资环境包括法律环境、经济环境和文化环境等。

2. 规划投资战略

企业在对投资战略进行规划时，需综合考虑竞争因素、风险因素、技术因素和人力资本等。

3. 进行投资预算

投资预算是在可行性研究的基础上对企业固定资产的购置、扩建、改造、更新等编制的预算。投资预算具体反映在何时进行投资、投资多少、资金从何处取得、何时可获得收益、每年的现金净流量为多少、需要多长时间回收全部投资等。由于投资的资金来源往往是影响企业决策的限定因素之一，而对厂房和设备等固定资产的投资又往往需要很长时间才能收回，因此，投资预算应当力求与企业的战略以及长期计划紧密联系在一起。

4. 投资风险分析

企业需要对投资项目的技术实施风险、组织管理风险、产业政策风险、财务风险和市场风险等进行定性和定量分析。

5. 评价投资收益

我们在对投资收益进行评价时，不能只关注经济效益的评价，还应该对投资的环境效益与社会效益进行评价。

（二）基于项目投资的决策方案

通过上述的研究我们发现，项目的投资就是指将资金投放在生产经营的实体经济之中。具体来说，就是指购买一些设备、建造生产的工厂、修建一些基础设施等方面，让对企业的投资转变成为一种生产能力。一般情况下，项目的投资就是指对企业进行对内投资，但是其中并不排除对其他企业实物投资的对外投资。

1. 独立投资方案的决策

两个或者两个以上的投资项目之间不是相互依赖的，而是可以互相独立的，那么这个投资方案就被称为独立投资方案。独立投资方案的决策属于筛分决策，评价各方案是否可行，即方案是否达到某种要求的可行性标准。但是，在独立投资方案之间相互比较的时候，我们就可以发现决策之间要处理的事情就是确定各种可行方案的投资顺序，也就是按照时间把方案进行排序。除了按照时间排序之外，还要按照方案的获利程度进行排序，通常情况下都是运用内涵报酬率来进行比较决策的。

2. 互斥投资方案的决策

互斥投资方案就是指方案间相互排斥、无法共存的方案，所以，从根本上来看，互斥投资方案决策的本质就是选出最优方案，也属于选择决策。那么在选择决策的过程当中，要处理的最主要的问题就是对其中的多余选择进行淘汰，从而选出最优方案。从选择经济效益的最高需求出发，把方案可以获得利益的数量作为互斥投资方案决策评价的准则。所以，人们经常使用净现值法和年金净流量法来进行优选决策。但是，由于净现值指标受到投资项目寿命期的影响较大，所以在互斥投资方案中，年金净流量法是最为合适的方法。

3. 建立项目投资决策评价指标

由一系列综合反映投资效益、投入产出关系的量化指标构成的就是项目投资决策的评价指标，而这也是衡量和比较投资项目可行性的尺度与标准。在长期投资决策中，分析和评价备选方案优劣的专门方法很多，具体如下：

（1）按是否考虑资金时间价值分类

根据是否考虑资金的时间价值，项目投资决策评价指标主要包含两个方面的内容，分别是非贴现指标与贴现指标。具体来说，贴现指标就是指在考虑货币是时间价值之后来决定方案取舍，也称"动态评价方法"。它是一种各期现金流入量和现金流出量通过换算，统一在相同的时间点上进行比较，以决定备选方案取舍或优劣的方法，主要包括净现值法、现值指数法和内含报酬率法。

非贴现是指决定方案取舍时不考虑货币时间价值，也称为"静态评价方法"。这类方法的基本点是把不同时期的现金流量等效看待，主要包括静态投资回收期法、年均报酬率法等。

（2）按指标性质分类

按照指标的性质进行分类，一方面可分为正指标，即投资利润率、净现值、净现值率、获利指数等；另一个方面就是反指标，即静态投资回收期。

（3）按指标重要性分类

按照重要性进行决策可以将其分为三类：第一类是主要标准，也就是净现值、内部收益率等；第二类是次要指标，也就是静态投资回收期；第三类是辅助标准，即投资利润率。

五、企业融资及其管理

（一）融资的概念与目的

1. 融资的概念

融资是指通过一定渠道筹措资金的方式与过程，是企业想要开展生产经营活动时必须要经历的第一个环节。详细来说，就是企业对自己当前的生产经营与经济状况进行了解，基于当前经济发展的需要，通过科学的预测与决策，运用一定的方式与一定的渠道对企业进行资金供应，从而保证企业的正常生产需要与经营管理活动的行为，也就是融资理财行为。

2. 融资的目的

资金是企业赖以生存和发展的前提，融资是企业资本运动的起点，企业必须筹集到生产经营活动必需的资金。由于企业的生产经营特点以及所处的阶段不同，其融资的目的也不同。

（1）满足正常生产经营活动的需要

企业在建立初期，需要资金购置原材料、设备等生产要素及垫付营运资金。

（2）扩大经营规模的需要

企业在顺利运行一段时间之后会进入快速增长的时期，这一时期的企业会需要大量的资金，并且这些资金都需要企业来进行筹集。

（3）调整债务结构、到期偿债的需要

当企业的债务到期需要还本付息时，如果企业现有的支付能力不足以偿付到期旧债，就将不得不新增融资偿还旧债，或者即使企业有足够的能力来清偿旧债，但如果原来的债务结构不合理，或原来的债务成本过高而现阶段又有新的成本较低的资金来源，那么企业就有可能出于调整债务结构的目的而重新举债。

（二）企业融资的渠道和方式

1. 融资渠道

融资渠道就是当前客观存在的资金来源通道与方向。我国企业目前的融资渠道主要包括以下几种：

（1）国家财政资金

国家对企业的直接投资是国有企业的主要资金来源，特别是国有独资企业，其资本全部由国家投资形成。

（2）银行信贷资金

银行对企业的各种贷款是各类企业最重要的资金来源。

（3）非银行金融机构资金

非银行金融机构包括信托投资公司、保险公司、租赁公司、证券公司、投资公司等机构。从融资的角度来看，就是企业通过租赁活动，如利用证券公司发行股票和债券的行为来进行融资。随着企业的发展，越来越多的企业开始股份制改革，因此企业会经常通过这个方式来对自己的生产经营活动或者扩大生产等进行融资。

（4）其他企业资金

企业在生产经营过程中往往形成一部分闲置资金，并出于一定的目的相互投资；另外，企业间也可能通过商业信用形成债权债务关系。

（5）居民个人资金

随着经济的不断开放与发展，越来越多的人不再将自己的资金放入银行，而是将资金投资到收入可观的游资当中。在改革开放发展之初，有很多企业通过向员工发行职工股或者直接到股票发行机构发行股票的方式来进行资金筹集。我国人口众多，居民手中的资金更是无法估量，所以居民个人的资金也可以成为企业融资的重要来源。

（6）企业自留资金

企业内部拥有的资金，包括公积金以及还没有分配的利润等。

2. 融资方式

融资方式是指可供企业在筹措资金时选用的具体融资形式。我国企业目前的融资方式主要有以下几种：

（1）吸收直接投资

吸收直接投资是指企业按照"共同投资、共同经营、共担风险、共享利润"的原则，直接吸收国家、法人、个人投入资金的一种融资方式。

（2）发行股票

发行股票是股份公司通过发行股票筹措权益性资本的一种融资方式。

（3）利用留存收益

利用留存收益是企业将留存收益转化为投资的过程，构成企业权益性资本的重要内容。

（4）向银行借款

银行借款是企业向银行或非银行金融机构借入的需要还本付息的款项，有短期借款和长期借款之分。

（5）利用商业信用

商业信用是指在商品交易中，由于延期付款或预收货款所形成的企业间的借贷关系，是企业间的一种直接信用关系。

（6）发行公司债券

发行公司债券是企业通过发行债券筹措债务性资本的一种融资方式。

（7）融资租赁

融资租赁是指出租方根据承租方对供货商、租赁物的选择，向供货商购买租赁物，提供给承租方使用，承租方在契约或者合同规定的期限内分期支付租金的融资方式。

六、融资管理决策流程及原则

（一）融资管理决策的流程

1. 明确具体的财务目标

为了实现企业价值最大化的最终目标，企业必须在具体的经营管理过程中确定具体的财务目标，从而对财务融资管理职能的有效实施起到直接的指导作用。融资及其管理过程要服从财务管理的总目标，即提高企业的市场价值。融资过程中体现的财务目标是获得更多资金，降低融资成本与融资风险。

2. 科学预测企业的资金需求量

企业再生产过程的实现是以资金的正常周转为前提的。如果资金不足，则会影响生产经营活动的正常、有序进行；如果资金过剩，则会影响资金的使用效果，造成资金的浪费。为此，筹集资金必须保证企业正常周转的资金需要。

在企业进行资金预测过程中，必须掌握正确的预测数据，采用正确的预测方法，如果预测失误，则可能加大财务风险，进而导致企业经营和投资失败。

3. 选择合适的融资渠道和方式

企业融资渠道众多，获取资金的方式有很多种。但是，无论以什么渠道和方式筹集资金，企业都要付出一定的代价，我们称之为资金成本。企业从不同渠道、采取不同方式获取的资金，其成本是不同的，如果资金成本太高，不仅会影响融资和投资效益，甚至还会使企业出现亏损。因此，为了降低资金成本，企业有必要通过比较各种渠道和筹集资金的方式来选择最佳的资金来源结构。

4. 保持资金结构合理

融资结构是指各种资金来源对各种资金来源的比例，以及各种资金来源之间的比例关系，如债务资本和权益资本的比例，在资金来源方面，长期资金占短期资金的比例等。融资风险是指融资中各种不确定因素给企业带来损失的可能性，表现为利率波动和债务破产的风险。但是，在市场经济条件下，企业从不同来源、不同方式筹集资金，用于不同的使用时间、融资条件和融资成本。行业带来的风险是不同的，企业结合不同的融资渠道和模式，必须充分考虑企业的实际运作和市场竞争力，适度负债，寻求最佳的资本结构。

（二）资金的筹集原则

融资的宗旨是满足企业对资金的需求，最终保证企业价值最大化目标的实现。因此，企业融资时应遵循以下基本原则：

1. 确定资金的实际需用量，控制资金投放时间

合理确定资金的需求量是企业融资活动的依据和前提。资金不足虽会影响企业的正常生产经营和发展，但资金过剩也会影响资金的使用效益。在审核资金需求时，不仅要关注产品的生产规模，还要关注产品的市场需求，以防止盲目生产和资金积压。同时，要掌握全年投入的资金总额，确定不同月份投入的资金数额，合理安排资金的投入和回收，将融资和使用联系起来；尽可能及时拨款，减少资金占用，加快资金周转。

2. 谨慎选择资金来源和融资方式，降低资金成本

企业融资的渠道和方式均有不同的形式。在资金所有权和使用权分离的情况下，无论采用何种渠道或融资方式，企业都要付出一定的代价，即资金成本。资本成本因资金来源和融资方式的不同而不同，获取资金的难度也各不相同。在其他条件基本相同的前提下，资本成本水平是选择融资方式和各种融资组合方案的重要标准。企业必须全面考察影响资本成本的各种因素，全面研究各种资金的构成，寻求资金的最优组合，降低资金成本。

3. 合理安排资金结构，努力控制财务风险

企业应当适度负债经营，负债经营必须注意以下问题：

（1）要保证投资利润率高于资金成本。

（2）负债规模要与企业偿债能力相适应。负债过多会发生较大的财务风险，甚至丧失偿债能力面临破产。

（3）要尽量保持资金结构的稳定合理，保持对企业的控制权。企业不但要利用负债经营提高收益水平，还要维护企业的信誉，减少财务风险。

上述基本原则相互联系又相互制约，在企业进行融资时要综合考虑各原则，并予以平衡，力求找出适合企业的最佳融资方案。

第四节 收益分配管理与决策

一、收益分配与管理

（一）收益分配的概念

利润分配是企业按照国家有关法律、法规以及企业章程的规定，在兼顾股东与债权人等其他利益相关者的利益关系基础上，将实现的利润在企业与企业所有者之间进行分配的活动。其中，分配给投资者的收益又称股利分配，是指公司向股东分配的股利，也是公司收益分配的一部分；留存用于公司再投资的收益又称留存收益，是指公司提取各项基金以及按照"以丰补歉"的原则留存的未分配利润，是公司收益分配的另一部分。

收益分配是一项十分重要的工作，一方面影响公司的筹资和投资决策，同时涉及投资者切身的利益；另一方面，影响公司的近期利益，并且关系到公司的长远利益。所以公司要合理组织收益分配，正确处理好各方面的经济关系，以保证公司健康有序地发展。

（二）影响收益分配的因素

1. 法律因素

有些企业为了对公司的债权与利益进行保护，会根据《公司法》和《证券法》的规定来对企业相关的股份利润分配进行限制，这其中主要包含以下五项内容：

（1）资本保全

资本保全具体来说就是公司不能将用于经营的资金当作股利发放，同时国家还有相关法律规定，公司当中的溢缴资本也不能当作股利发放。也就是说，不管是实收资本还是资本公积都不能用在发放股利上，对其进行限制的主要目的就是保证公司可以拥有完整的产权基础，从而可以保护债权人的利益。

（2）公司积累

公司股利只能从当前的利润与过去已经累积出来的利润中支付，换句话说，就是公司对股利的支付不能超过当前股利与之前盈利利润的总和。国家相关法律规定公司的年度税后利润必须提取 10% 的法定盈余公积，并鼓励提取一定比例的任意盈余公积，只有当公司提取的盈余公积累积数达到注册资本 50% 时可以不再计提。提取法定公积金后的净利润才可以用于支付股利。

（3）净利润

当公司账面上交完税后剩下的利润是正数时才能对股利进行发放，也就是说，公司之前亏损的资金必须足额补充完整。

（4）无力偿付的限制

如果公司想要发放股利就必须要拥有可以偿还债务的能力。当企业已经到达无法偿还已经到期债务的时候，公司会为了保障债权人的利益，不再支付股利。

（5）超额累积利润

如果公司的留存收益已经超过认可的合理水平，则国家将会加征额外的税款，这主要是因为股东获得的利益不仅有股利，还有资本利益所得。

2. 公司因素

（1）流动性

公司资产的流动性，是指保留部分现金及其他相应的流动资产，同时也是保持其商品正常运行的一个重要条件。更多的现金股利发放降低了企业的现金持有量，减少了企业的资产流动性。由此我们也就可以了解到，企业现金股利的发放能力在很大程度上受资产流动性的影响。

（2）举债能力

对公司进行观察可以发现，不同的公司在资本市场中的举债能力是不同的，比较宽松的股利政策一般是在举债能力较强的公司实施；对于举债能力较弱的公司，企业会为了保持正常经营能力，选择留滞利润，从而采取较紧的股利政策。

（3）盈余的稳定性

企业是否能长期稳定的获得盈余，是企业进行股利决策的重要依据。盈余比较稳定的企业的股利支付能力要高于盈余不稳的企业，由于盈余比较稳定，所以企业会对维持高股利支付率更加自信。收益平稳的企业不仅经营风险与财务风险较低，融资能力也较强，这些也是保障企业支付股利能力的重要因素。

（4）投资机会

企业的股利政策与企业面临的投资新机遇息息相关。若企业有较好的投资机会，必然有巨额的经费来做后盾，因此企业会将大部分的盈余来用于投资，而不是发放股利；当企业暂时没有良好的投资机会时，就会先将一部分的资金用于支付股东股利，避免留存大量的现金出现浪费资金的现象。也正是由于这个原因，很多正在发展的企业倾向于实行比较紧张的股利政策，并且有很多在经营收缩期的企业还会采取较为宽松的股利政策。

（5）资本成本

相对于新股发行而言，把留存收益作为企业的内部筹资，拥有无须缴纳筹资费用与资本成本比较低廉的优势。企业在筹集巨额资金的情况下，应该选择相对经济的筹资渠道来减少资本成本。在此背景下，公司一般实行比较紧张的股利政策，还会把留存的收益进行筹集，提高股东权益的资金比例，继而增强企业的借贷能力。

3. 股东因素

股东对稳定收入、股权稀释和税负的需求也同样影响着公司的股利政策。

（1）稳定收入

公司股东收益由两个部分组成，即股利收入与资本利得。永久持有该股份的股东需要比较稳定的股利收入，若企业保留更多收入，就会受到这一部分股东的反对。与此同时，公司留存收益所带来的新收益或股票交易价格所产生的资本利得具有很大的不确定性。所以，与未来不确定性的收益相比，不如得到一些现实的股利。

（2）股权稀释

企业发放更多股利，会使自己留存的收益下降，这也意味着未来发新股的概率会增加。若企业以增募股本的形式来募集资金，就会将当前已有股东的控制权淡化。在现金不够认购新股的情况下，有些人为了避免自己股份控制权的减少，就会反对公司募集新股，同时也不让企业发放股利。除此之外，随着新股的不断发行，流通在境外的普通股股数也一定会上升，进而使普通股每股的收益与每股的市价降低，因此会对当前的股东造成一些负面影响。

（3）税负

股票持有者所得股利收入均需缴纳所得税，且在很多国家，股利收入的所得税率（累进税率）要比资本利得的税率高，所以有些想要减轻税负的高收入阶层股东，会选择让企业少付一些股利，然后把更多的盈余资金再作投资。即使这两项收入可以实行同样的税率，也会由于在股利收入课税发生股利分发时，资本利得的课税可以递延到实际卖出股票为止，这资本利得的实际税负也会比股利收入低。与之相反，对于处于低收入阶层的股民而言，能够适用的所得税税率相对偏低，所以这些股东会更加关注本期股利，不愿意冒风险去获取后续的资本利得。因此，对于这种股东而言，税负不在其关注的范围，反而会对股利支付率比较在意。

4. 其他限制

（1）债务合同约束

企业在签订长期借款协议和债券契约等方式向企业外部筹集资金时，会根据对方的要求，接受某些限制股利发放的规定。这些规定主要包含以下内容：未来股利只可在协议签署后以新收入支付（也就是对动用以前的留存收益进行约束）；当流动资金少于某一标准时，不可以发放股利；当利息保障倍数小于某一标准时，也不可以发放股利。这些规定的主要目的是促使企业将盈利的部分按照相关条款规定，通过一定的形式（如偿债基金）进行投资，从而确保借款按期偿还，保障债权人利益。

（2）通货膨胀

在通货膨胀的情况下，由于货币购买力下降，公司计提的折旧不能满足重置固定资产的需要，需要动用盈余补足重置固定资产的需要，因此在通货膨胀时期公司股利政策往往偏紧。

（三）收益分配管理

收益与分配管理是指通过将企业一定时期内的经营成果，在企业内部、外部各利益相关者之间进行分配的过程。它是对企业收益与分配活动及其形成的财务关系的组织与调节过程。

1. 收益分配管理的原则

（1）依法分配原则

国家颁布了相关法规，规定企业收益分配的基本要求、一般程序以及重要比例。

（2）分配与积累并重原则

在收益分配的过程中，考虑企业的长远发展，需要恰当处理分配与积累之间的关系。通过将一部分净利润留存于企业内部，可以提高企业应对风险的能力，从而保障企业经营的稳定性与安全性。

（3）兼顾各方利益原则

企业收益分配应当统筹兼顾国家、股东、债权人、职工等多方面的利益，通过维护各利益相关者的合法权益，推动企业的可持续发展。

（4）投资与收益对等原则

投资与收益对等原则要求企业在分配过程中，以"谁投资谁受益"为依据，按照投资者的投资比例进行分配，公司章程规定不按持股比例分配的除外。

2. 收益分配管理的内容

（1）收益管理

收益管理的主要内容由销售预测分析与销售定价管理两个方面构成。销售预测分析是以产品的销售为中心的。产品的销售就是一个复杂的系统，系统变量很多，如市场需求潜量、市场占有率、产品的售价等。对这些变量进行长期预测还是短期预测，这些变量对预测资料的要求、预测方法的选择都有所不同。

企业销售各种产品都必须确定合理的销售价格。产品价格的高低直接影响销售量的大小，进而影响企业正常的生产经营活动，甚至会影响企业的生存和发展。销售定价管理是在调查分析的基础上，选用合适的产品定价方法，为销售的产品制定最为恰当的售价，并根据具体情况运用不同的价格策略，以实现经济效益最大化的过程。采用销售定价管理，可以使企业的产品更富有吸引力，扩大市场占用率，改善企业的相对竞争地位。

（2）纳税管理

纳税管理的主要内容是纳税筹划，即在合法合理的前提下，对企业经济交易或事项进行事先规划，以减少应纳税额或延迟纳税，实现企业的财务目标。由于企业的筹资、投资、营运、利润分配等日常活动以及企业重组都会产生纳税义务，故这五个环节的纳税管理构成了纳税管理的主要内容。

（3）分配管理

企业的分配管理有广义与狭义之分。广义上的分配管理是指公司将其在一定时期内取得的经营成果依法进行分割的过程，是公司对股东直接或间接移转资金或其他财产（公司自己股份除外）或设定负债的行为；狭义上的分配管理仅指在公司和股东之间分配股利。

分配管理包括弥补以前年度亏损、提取法定盈余公积、提取任意盈余公积、向股东（投资者）分配股利（利润）等内容。

二、收益分配决策

（一）利润分配的决策原则

利润分配是企业的一项重要工作，关系着企业的生存与发展，涉及企业、投资者等各方面的利益。在对利润进行分配的时候，我们应该严格遵循以下四项原则：

1. 依法分配原则

以规范企业收益分配为主要目标，国家制定并出台了很多相关规定，这些法规对企业收益分配时的基本要求、一般程序和重大比例进行了规定。企业的收益分配一定要合法，因此正确地处理好企业中的各种财务关系是很重要的。

2. 分配与积累并重原则

企业在进行收益分配时，必须要正确处理好长期利益与近期利益二者之间的关系，坚持分配和积累相结合的原则。企业除了按照有关规定提取法定盈余公积金外，还可以适当保留部分利润，进行资产累积，需要知道的是这一部分未分配的利润仍然属于企业的所有者。这一部分累积起来的净利润，既能为企业扩大生产提供支持，提高企业的发展能力与抵抗风险能力，也可以将这些资金运用到今后各年资金的发放，发挥补歉、平抑利润分配数额浮动、稳定投资报酬率的作用。

3. 兼顾各方利益原则

企业的收益分配一定要综合考虑各方利益。企业是经济和社会的基本单位，企业收益的分配关系到国家、企业股东、债权人、职工和其他多方的利益，正确处理好各方之间的矛盾，协调好各方之间的关系是影响企业生存与发展的大事。因此，当企业分配收益时，一定要统筹兼顾，保障好各类利益相关者的合法权益。

4.投资与收益对等原则

企业进行收益分配时一定要体现谁投资谁就能获益的原则，也就是收益的大小和投资的比例应该是相匹配的，这也就是投资和收益对等的原则，而这也是正确处理企业和投资者之间利益关系的落脚点。投资者因为投资行为，根据出资额来合法地拥有利润分配权，企业在对投资者进行利润分配的过程中，一定要遵循公开、公正、公平的"三公"原则，没有幕后交易，并对所有投资者一视同仁，不帮助大股东去侵害小股东的利益，同时，任何个人都不得利用在企业的特殊身份牟取私利，只有这样才能从本质上维护投资者的利益。

（二）股利分配决策的流程

股份公司的股利分配方案通常由公司董事会确定，然后提交股东大会或股东代表大会批准后才能生效实施。一般来说，股利发放在各国都有固定的程序，股利分配流程具体如下：

1.确定股利宣告日

股利宣告日是股东大会决议通过并由董事会宣布发放股利的日期。

2.确定股权登记日

股权登记日是公司登记应发放股利的股东名册的日期。由于工作和实施方面的原因，自公司宣布发放股利至公司实际将股利发出有一定的时间间隔。上市公司的股票在此时间间隔内处在不停交易之中，公司股东会随股票交易，不断易人，为了明确股利的归属，公司需要确定股权登记日，凡在股权登记日之前（含登记日当天）列于公司股东名单上的股东，都将获得此次发放的股利，在这一天之后才列于公司股东名单上的股东，将得不到此次发放的股利，股利仍归原股东所有。

3.确定除权除息日

除权除息日是股票的所有权和领取股息的权利分离的日期，在这一天购入公司股票的投资者不能享有已宣告发放的股利。由于股票交易与过户之间需要一定的时间，因此，只有在股权登记日前一段时间前购买股票的投资者，才可能在股权登记日之前列于公司股东名单之上，并享有当期股利的分配权。在除息日之后购买的股票无权得到股利，因而称为除息股。除息日对股票的价格有明显影响。在除息日之前进行的股票交易，股票价格中含有将要发放的股利的价值，在除息日之后进行的股票交易，股票价格中不再包含股利收入，因此其价格应低于除息日之前的交易价格。

4. 确定股利发放日

股利发放日是公司按公布的分红方案，向股权登记日在册的股东实际支付股利的日期。

第四章　财务管理人才培养模式的探索

对于世界经济体系而言，其竞争本质是管理水平竞争及人才竞争。若想在激烈的国际市场中胜出，必须重视人才培养，特别是管理方面的人才培养。本章节内容为基于对财务管理人才培养模式的探索，依次介绍了财务管理人才培养模式的概述、财务管理人才培养模式的创新路径两个方面的内容。

第一节　财务管理人才培养模式的概述

一、财务管理人才培养模式的基本目标

随着社会经济发展，越来越多的企业走出了国门，走向了世界。对于世界经济体系而言，其竞争本质是管理水平竞争及人才竞争。[1]若想在激烈的国际市场中胜出，必须重视人才培养，特别是管理方面的人才培养。我国在20世纪90年代进行了财务管理专业的设置，目的便是帮助企业培养更多的专业人才。

（一）培养财务管理专业人才的相关目标

随着社会经济发展，当财务管理专业进行人才培养时，必须全面考虑市场经济发展的实际需要。在培养财务管理人才时，我国应该重视对西方教学经验的借鉴，并根据我国实际需要培养出更多实践能力较强的专业管理人才。现在很多财务管理学生就业比较困难，实践能力较差，在培养财务管理专业人才时，必须重视学生实践能力的提高。

---
[1]　董艳丽. 新时代背景下的财务管理研究[M]. 长春：吉林人民出版社，2019.

（二）财务管理专业目标定位以及相关的要求

1. 目标定位满足实践教学需要

教育的根本是树人，其次才是传授知识。教师在教学时，应该根据需要选择科学的手段来教育学生。高校教育的目的便是进行专业人才的培养，利用人才培养和科研教学来推动我国社会的进步发展。所以，当培养财务管理专业人才时，教师不仅需要重视学生专业素质的培养，还应该重视学生道德素质和职业素养的提高。若是学生的职业素养和道德素质较高，就能够给企业良性发展奠定良好基础。在提高学生素质时，教师应该重视学生能力、道德、身心的健康发展，将学生的本性激发出来，切实提高学生的素质，为更好地进行高校教学奠定良好的基础，将教育的德育作用发挥出来。

2. 目标定位满足产业经济发展需要

财务管理专业需要学生有比较出色的实践能力，建设财务管理专业的目的也是维护我国社会经济的稳定，帮助我国更好地进步发展。高校在进行人才培养时，必须考虑学生综合能力的提高和专业素质的提高。通过调查和分析可以发现，学生在进入社会后，其综合能力和专业素质的关系非常密切。一个合格的财务管理人才不仅需要具备较强的专业素质，还应该不断地提高综合实践能力，如创新能力、基础实践能力和职业能力等。为了满足这些需求，高校在制定财务管理专业人才培养目标时，必须全面考虑经济发展的实际需要。

二、财务管理人才培养模式的基本原则

（一）战略性与实践性相结合的原则

随着社会分工的进一步细化，将来财务管理工作的岗位及职责分工也必将日益细化，财务管理职能的履行程度对企业的发展也将会有越来越重要的影响。高校应借鉴发达国家财务管理专业人才培养模式，在充分考虑我国社会经济发展实际状况的同时，从高校财务管理专业发展的战略性角度出发，确立本校的人才培养模式。实践性、应用性是财务管理专业的明显特点，因此财务管理专业的日常培养工作应更重视学生的实习实训工作，旨在培养学生发现问题、分析问题、解决问题的意识和能力，从而使学生能够成长为卓越的财务管理人才。

（二）多元化与融合化相结合的原则

在人才培养与设置人才培养目标的过程中，高校应该严格遵循多元化的原则，只有这样才能培养出更加丰富全面的人才，也更容易让人们接受教育。对当前的现代财务管理进行研究后我们可以发现，现代财务管理就是知识集成、学科之间的相互交叉与融合，也是国内外教育经验的总和。由此，我们也就可以发现，财务管理的进步与发展就是人文、科技、知识等方面的创新，同时也是借鉴国外经验与探索新方式新方法不断融合的过程。因此，在构建管理人才培养模式时，高校更应该去遵循融合化、多元化的原则。

（三）创新性与开放性相结合的原则

除了要遵循多元化的原则之外，还要坚持创新性与开放性的原则，这样就可以在国外先进经验的基础上结合本地区的经济社会环境、社会市场需求，建设与设计出适合本地，具有自身特色的财务管理人才培养模式，所以在构建培养模式的过程中不仅要遵循创新性原则，同时还要遵循开放性原则，具体来说就是在竞争日益激烈的过程中，以国际视角，以开放的心态，分析与研究当前经济形式的发展与变化，从而不断地对决策作出调整，进而作出科学的决策。

三、财务管理人才培养模式的基本要素

（一）"互联网+"财务管理人才培养要素

在"互联网+"的发展背景下，当对财务管理人才进行培养时，需要构建新型的财务管理人才培养计划，建设与完善新型的专业课程体系，将专业知识的进阶转化为岗位的进阶，从而培养出专业、全能的财务管理人才。在人才培养的过程中，还要对人才培养的模式、体系等方面进行优化与改革，培养财务管理人员的综合素质水平。除此之外，在进行人才培养的过程中，还要结合数据技术、区块链技术与云计算技术形成专业的实践训练体系，并将其作为中心，对财务管理的人才培养模式进行创新与拓展，从而进一步提高财务管理的人才培养水平。举例来说，可以采用竞赛的方式来对拓展学生财务管理的实践内容，从而训练学生的专业技术水平。除此之外，这样的方式还可以将学习的理论与财务实践结合在一起，让学生在实践中学习理论知识，将理论知识转化到实践中去，进而提高学生的实践操作能力。

（二）基于准职业人的人才培养要素

1. 以职业能力培养为导向准职业人的职业能力

职业能力主要包含专业能力与综合能力，财务管理人员应该具备的专业能力主要包含以下三种：一是职业技能，也就是资质水平、岗位技能等；二是管理技能，也就是可以对人、财、物等内容进行有效的组织、管理、控制与领导；三是协调能力，也就是在实际工作的过程中能够与其他人员进行良好的沟通与配合，保证工作顺利开展。那么财务管理人员的综合能力是什么呢？具体来说主要包含社会适应能力、动手操作能力和创新能力等各个方面。在人才培养的过程中，我们可以发现，只有先确立好目标才可以更好地开展人才培养活动；财务管理的人才培养也是如此，只有确立好人才培养的目标才能更好地促进人才培养的进步与发展，与此同时，这些目标还对财务管理人才的培养模式起着决定性的作用。

2. 专业培养与职业标准对接

在对准职业人进行人才培养时，面临的一个重要问题就是需要拥有一个职业标准，对人才的准入考核。当前还没有一个通用的职业标准体系，很多财务管理专业的学生在毕业时，大多步入会计岗位，因此财务管理的职业准入标准可以按照会计领域的职业标准进行代替。在会计领域中，从业标准与从业资格依次为初级会计师、中级会计师、高级会计师。这些职业资格都是进入该项职业的重要门槛，在人才培养时，这些资格都是培养人才的基础目标，因此有些学校就会要求学生在学校期间就考取相应的资格证书。

3. 突出以学生为中心的教育理念

在对准职业人进行人才培养时，不仅要满足用人单位的需求，还要满足学生的需求。随着时代的进步与发展，高等教育已经开始进入市场化，学生逐渐成为知识的购买者，学校与学生之间存在着教育资源提供者与消费者之间的关系，同时学校在学生与用人单位之间还是一架桥梁，促进着学生与用人单位之间的交流。在人才培养的过程中，高校要坚持以学生为中心的个性教育理念，培养学生的创新能力与实践能力。因此，在进行财务管理人才培养的过程中，我们要从学生的角度出发，根据学生的需求，促进学生独立思考，让学生从被动学习转变为主动学习。

第二节　财务管理人才培养模式的创新路径

一、培养创新型人才的意义

（一）培养创新型人才是建设创新型国家的需要

1. 创新型人才的贡献

在人类活动中，人类伟大的创造性活动就是科学技术。社会当中的创新活动都是由人创造出来的。我国想要建设科技强国，就需要建立起一支规模宏大、结构合理、素质优良的人才队伍作为人才保证；与此同时，还要充分地激发与调动广大科技人员的创新精神，从而自觉进行创新活动。

2. 创新型国家建设的任务

加强自主创新、建设创新型国家，关键是人才，尤其是创新性人才，因此大力培育创新型人才，创新用才机制，营造容才环境，为加强自主创新、建设创新型国家提供坚强的人才保证和智力保障尤显迫切和重要。

（二）培养创新人才是构建和谐社会的需要

如果一个社会缺乏前进的动力，社会每个成员的创造活力处于长期停滞的境地，就不可能有真正意义上的和谐社会，经济发展和社会进步也是不可能的。构建和谐社会，必须保证全体人民各尽其能，充分发挥自身的能动性和创造性，增强全社会的创造活力，让一切创造财富的源泉充分涌流，不断满足人民群众日益增长的物质和文化需要。[①] 如何增强全社会的创造活力呢？充满活力，就是社会当中形成尊重一切促进社会发展因素的风气，从而促进创造活动，得到尊重，得到支持，让创造的成果得到肯定。

---

① 彭泽春. 高校创新型人才培养模式研究与实践 [M]. 长春：吉林文史出版社，2021.

（三）创新型人才培养是人的知识、能力、素质整体发展的最佳途径

一个人的基本素质主要包含知识与能力这两个方面。一个人的全面发展主要指知识的增长与能力的提高，同时还包含两者之间的统一与升华。知识是人们从精神上对客体的把握，能力就是人们在自己所拥有认识的基础上，通过实践对客体把握的力量。由此可以看出，知识与能力二者之间是既有联系又有区别的两个对立统一体。具体来说，知识是构成人类精神世界的重要组成部分，也是决定人能力的重要因素，且知识与能力的形成是同一个过程，没有认识能力的形成也就不会有知识的产生。认识能力是在获得知识的过程中，通过知识表现出来的，因此知识与能力二者之间是相互作用与相互转化的，并且这个转换是有一定条件的。

在能力转化为知识的过程中，人们当前所拥有的能力只能给将要获得的新知识提供一定的基础，因此如果想要通过这个能力来获得更多新的知识，就需要通过活动与实践；如果不这样的话，就会出现知识不增长、能力会衰退的现象。与此同时，知识转化为能力的过程也是一样的，人们获得的知识可以帮助人们认识新鲜的事物，也可以帮助人们理解其他的知识，如果想要将知识转换成能力就需要进行联想与思考。另外，能力的形成还受意识、品质与意志等多方面因素的影响。培养创新型人才，要重视对学生创新能力的培养，在知识传授中做到寓教于乐。创新知识，既要求教师的教学活动不只是向学生传授知识，还要求教师指导学生在活动中善于发现问题和质疑。同时，学生要努力寻找解决问题的方法与路径，进而在积累知识过程中，强化创新精神与实践能力。创新型人才的培养还把培养学生的全面素质作为宗旨，从而更加关注学生的思想道德素质、科学文化素质，促进身心素质的协调发展。

二、新型财务管理人才的特质

随着时代的发展，财务管理人才在不断地与时俱进，财务管理人才也形成一种新型财务管理人才，具体来说就是具有财务管理新理念，能够运用娴熟的技术来处理财务管理中的一些问题与麻烦，从而促进国际财务管理不断创新发展的新型综合管理人才。新型财务管理人才主要包含以下基本特质：

首先，要有新理念、新视野。新型财务管理人才需要树立现代化的理财理念，探寻出新的管理路径，满足各种业务变化的需要。与此同时，要及时了解与准确判断国际财务管理的新格局，从而及时地制定出适应本企业的制度与方法，甚至将其成功经验推广到国际中去，为各国的财务管理提供经验与指导。

其次，在新业态、新领域中，财务管理人才面临的不再是传统的经济模式，而是面临着现代的数字经济与数字货币等新的财务形式。这些新形式不仅是新的职场，还是新的操作管控客体。财务管理组织架构等工作要素都拥有了新的内涵，因此新型财务管理人才要有新知识与新技术。

再次，在新型的财务关系之中都会体现出新知识、新业务与新技术。因此，新型财务管理人才就是信息技术的使用者与推广者。

最后，新型财务管理人才还应该拥有新素养与新格局。新素养指的是业财兼备、才技兼通；新格局指的是财务管理人才要有整体意识，可以洞察出财务管理发展的前景与格局，从而促进财务管理拥有更好的发展。

三、企业信息化背景下财务管理人才培养模式的创新

（一）企业信息化背景下财务管理人才培养模式创新的必要

当前，企业已经进入信息化时代，对财务管理人员也提出了相应的要求，具体表现在以下两个方面：

1. 核心课程体系不能突出主体理财的要求

企业的信息化发展，虽然可以为理财主体提供很多直接相关的信息，但是通过对当前财务管理课程的研究，我们可以发现，课程的主要核心内容并不能充分地体现这些理财主体的目标与要求，导致理财目标与理财方法之间存在矛盾，财务管理人员的培养目标变得不清晰与不明确，也为后续财务管理人才培养课程体系的构建、教学内容的设置埋下了更多的隐患。从学生学习的角度来看，在这种教学目标不清晰的状态下，学生就会搞不明白自己当前所学的教学内容在什么情况下使用，在什么角色状态下使用。这些问题在企业信息化的状态下十分突出，那是因为企业信息化后，财务信息的加工效率会大幅度地提升，所以就会有更多的精力与时间，为理财主体提供更多有针对性的信息化理财产品。当前的环境还

没有明确其他理财主体的理财要求，无法发展有针对性的理财产品，无法满足理财主体的理财要求，导致整个社会理财环境不完整，进而无法达到公平理财与和谐理财的目的。

2. 实践教学体系不能满足企业信息化后的理财要求

除上述问题之外，财务管理的人才培养在实践教学方面也存在很多的问题与不足。企业信息化发展后，财务管理也需要相应的技术支撑，因此人才培养要给予学生充分的实践环境，让他们在竞争的环境中获得财务管理的实践技能。要想实现这一目标，教师就需要给学生提供不同的决策环境，让学生在不同的环境中进行决策，在亲身体验财务管理的过程中获得财务管理的实践经验。当前，实践教学的实施还存在很多的问题与不足，主要包括以下两个方面：

（1）财务管理实践教学体系不完善

财务管理的实践教学内容主要包含课程实训、课程实验和课程实习等形式，甚至还有学校专门开展一些有趣的课外实践活动，如大学生 ERP（企业资源规划）沙盘模拟赛、大学生创业设计竞赛等。很多学校在这些活动之中只涉及一小部分的财务管理内容，实践教学体系不完善，并没有充分发挥财务管理的实践教学内容，从而导致课程的教学质量与教学效果等方面都受到严重的影响。

（2）实践教学基础薄弱

在当前的实践教学中我们可以发现，很多学校并没有专门的财务管理实践实验室，很多实践教学都是通过案例分析进行的，甚至有些学校把课后习题当作实践的课程，在实践教学中学生始终是处于被动的位置，很难激发出学生内心对财务管理学习的积极性与热情。除了学校没有实验室之外，相关的实习企业没有相应财务管理机构，学生也没有合适的环境实习，即便有的企业有相关的岗位可以为学生提供实习机会，这些机构也不清楚如何对学生进行培养。因此，总的来说，当前财务管理人才培养的实践教学还存在着很多的困难与不足。

（二）基于网络信息背景下财务管理课堂教学驱动的创新思路

随着时代的进步与发展，教学领域开始大量运用新信息技术来教育学生，这些新技术的发展与使用也为教师的教学方法提供了更多的可能，如建构主义学习理论，提出了教师应该在教学过程中多注重学生的主观能动性，让学生在具体的情境中进行知识建构，促进学生与提高学生解决实际问题的能力。

1. 基于网络环境的财务管理课堂教学设计指导原则

指导原则是整个"财务管理"课堂教学设计过程中的指导思想，贯穿课堂教学设计过程的每一个环节。

（1）一体化原则

传统的财务管理课堂教学系统由教师、学生和教学内容三个要素构成，教师通过向学生讲授教学内容来达到传递知识的目的，这是一种相对松散的模式，基于网络环境的财务管理教学加入了新的要素——教学媒体。对教学内容来说，教学媒体是一种表现工具，可以实现更优化的内容表现；对于教师而言，它是一种教学组织与实施的工具，可代替教师做很多常规的工作；对于学生而言，它是一个认知工具，不仅可以帮助学生获取知识，还可以发展认知能力。教学媒体的这三种主要作用，使得教学系统由松散变紧密，提高了各要素之间相互作用、相互联系的频率和强度，提高了系统内部信息传递和转化的效率。因此，财务管理课堂教学设计一定要综合考虑这四个基本要素，实现教学要素的一体化。

（2）以学生为中心原则

基于网络环境的财务管理课堂教学是建立在"以学生为主体、教师为主导"的双主教育模式之下，其目的是要充分发挥学生的认知主体作用。财务管理课堂教学设计要围绕学生的这一核心要素来进行。课堂教学设计要以优化学习过程、促进学生认知的获得为最终目标。

（3）能力素质培养原则

在课堂教学设计中，教师要着眼于知识的传授，更重要的是运用知识解决具体问题的能力培养，注重学生思维品质的形成和认知技能的发展。就财务管理课堂而言，虽然其具体的知识更新换代很快，但学科的基本思想、基本方法是相对稳定的，如果学生具备良好的思维素质，就能在解决实际问题的过程中，快速学习新知识，接受新思想，从而以灵活的方式解决实际问题。

2. 财务管理课堂教学过程的设计

课堂教学过程的设计是教学内容的组织与安排、教学媒体的选择与应用及教学方法实施的总和。课堂教学过程的设计是一堂课成功与否的先决条件。如果设计新颖，则会激起学生潜在的学习热情及学习潜能，令学生迸发出智慧的光芒；如果设计不当，则可能成为知识的堆积或方法的罗列，达不到应有的教学效果。

值得注意的是，基于网络环境的财务管理课堂教学，教师已不单是知识的传授者，更不是课堂教学的中心，而是教学的组织者、课堂的设计者、学生学习的引导者。教师应尝试运用研究学习、合作学习、社会实践活动等教学方法，培养学生的可持续发展能力和终身学习能力。教师应通过各种媒体的应用，创设情境，激发学生的求知欲，培养学生的学习兴趣，使学生由被动接受转变为主动参与，把学习过程更多地变成学生发现问题、分析问题、解决问题的过程。

针对财务管理课堂教学的特点与需求，结合网络时代教学与学习理论的启示，在设计课堂教学过程时，要强调学生对知识的主动建构，强调教师的引导作用，强调知识的应用与迁移，强调学习能力与协作能力的培养，在实践中进一步加深对已有知识的理解，并发现新问题，实现学用相长。

基于此，对财务管理课堂教学过程的设计基本流程归纳为网络导学、理论学习、模拟实验、课堂实践四个基本环节。

（1）网络导学

本书认为，在课堂学习活动开始之前，教师应对学生的学习进行适当引导，为课堂学习活动的开展做好各个方面（知识、方法、心理）的准备。教师可利用网络平台，向学生提供财务管理课堂导学信息，其内容可包括课程学习目标、本课程与其他课程的关联、课程知识框架、课程学习的重点与难点、课程学习的方法或建议、课程学习过程中应注意的问题、课程教学管理信息等。也可针对堂课学习的重点、难点，在网上组织课前研讨活动，使学生带着问题学习，提高学生的学习兴趣。

（2）理论学习

财务管理课程的理论学习以企业资金运动为核心，以资金时间价值、风险报酬为基本观念，以筹资、投资、资金营运和收益分配为主线，以财务管理的基本概念、原则、制度等理论问题以及财务预测、财务决策、财务预算、财务控制、财务分析等业务方法为主要内容。这些知识内容应用性强，与实际问题情景联系紧密。针对财务管理课程内容的主要特征，本书强调案例了教学与专题学习。教师应提供与课堂学习相关的文献或案例，通过网上交流平台，组织学生分析与评述；针对重点、难点，结合相关知识，组成专题，提供专题学习资源，设计专题学习活动。

（3）模拟实验

财务管理课程实验以企业财务运作为核心，利用专业实验软件，模拟企业财务预测与决策过程。其目的在于给学生提供一种全新、逼真的环境，使学生在模拟环境中受到专业教育和技能培训。它让学生（实验者）通过对若干财务政策与方法进行单因素实验或多因素实验，观察实验中的差异现象，分析产生差异的原因，检验某项财务活动的科学性，通过实验加深对财务管理理论与方法的认识。在该环节中，教师从虚拟企业现实的情景中设计实验案例，并提出有关财务管理问题；学生探究解决问题所需的条件，利用专业计算机软件分析、整理资料，提出问题解决方案并表达研究成果。

（4）课程实践

作为一个实践性学科，财务管理课程实践在课堂学习过程中至关重要，是学生对所学财务管理知识与方法的综合运用与深化理解，是培养学生应用能力、综合能力和创新能力的关键。在该环节中，教师应针对课程特色，设计与课程学习要求相关、难度适中以及具有一定开放性的项目或课题；学生们组成几个不同的项目工作小组，完成项目任务，提交作品或报告，利用网络多媒体技术，记录活动过程，组织与引导展示、反思、交流与研讨。

四、大数据时代财务管理人才培养模式创新的基本思路

（一）大数据时代对财务管理人才提出新要求

大数据时代已经到来，我国企业在财务管理方面还面临着很多新的挑战。随着我国信息化水平不断提高，传统的财务管理模式已经跟不上时代发展的趋势。企业必须利用信息化技术对各种业务和资源进行数据整合，实现财务管理思路的转变，只有这样才能适应大数据时代经济发展趋势，提高企业的经济利益，保证企业能健康快速发展。

在 OBE（成果导向理念）教育模式中，教育者必须对学生毕业时应达到的

能力及其水平有清楚的构想，然后设计适宜的教育结构来保证学生达到这些预期目标。因此，了解社会对财务管理人才的能力要求是制定人才培养方案的出发点。只有基于 OBE 教育理论，才能制定出理实结合、与时俱进的人才培养方案。

《中国教育现代化 2035》指出，要加强创新人才特别是拔尖创新人才的培养，要加大应用型、复合型、技术技能型人才培养比重。国家经济建设和高质量发展赋予了新时期财会发展新的内涵。新一代数字技术与各行、各业的融合创新，带动商业模式发生前所未有的变化。随着数字化转型的全面铺开和业财融合的不断推进，企业对财务管理人才提出了新要求。首先，财务融入业务中，由事后监督逐渐向事前预测、事中控制、事后监督转变，这就要求财会人员要参与业务发展，更要为公司利润最大化提出合理化建议；其次，大数据、人工智能、移动互联网等新技术与企业业务的融合，要求财会人员不仅要掌握会计核算、财务管理、会计信息系统等传统财务知识，还要熟悉财务共享、大数据分析、业财一体化等新生技能。

（二）大数据时代对财务管理人才培养的影响

1. 财务管理信息更具全面性

在大数据时代下，企业财务管理需要跟随企业的发展和市场经济不断更新管理模式，以此来获得有效的财务信息资源。因此，对于企业财务管理部门来讲，能够拥有先进的财务信息处理技术是非常重要的，只有利用专业财务知识结合企业实际情况进行合理设计，才能在大量的数据中提炼出对于企业管理者来说有效的财务信息，保证企业管理者能作出正确的决策。

2. 财务管理数据更具准确性

在传统的财务管理中，部分财务管理报表因为各种因素很容易出现数据失真、数据错误的现象，给财务管理信息产生很大的影响。财务管理是企业发展过程中的重要因素之一，如果财务管理的信息不准确，财务管理在企业中的价值就发挥不出来，严重影响企业的生产经营。在大数据时代，企业通过科技专业软件对财务数据进行规范、合理、准确地分析和整合，降低了财务数据处理过程中出现的错误率，提高了企业财务管理的质量。

3. 财务管理更具职能性

传统的财务管理是被动的，各类数据由工作人员输入财务软件，财务数据要等到制作报表时方由工作人员提取使用。可以说，这些财务数据的使用都是非动态的。在大数据时代下，应用高新技术软件可以激活这些数据，使财务管理更加智能化，如在资金配置方面，软件可以自动通过数据库中企业往年的资金使用数据（经验数据）、汇总资金计划、现有资金余量等大量数据，计算分析出企业本阶段资金配置需求以供决策；在预算管理方面，软件通过对企业历史经验数据，自动编制合理预算以及资源配置原则，也可以动态分析预算执行、提前预警。

4. 财务数据应用更具便捷性

传统的财务数据应用的对象是公司管理层、财务工作人员、审计事务所等。财务数据应用范围特定、有限，并且多数是需要通过财务人员来获得的，非常不方便。在大数据时代下，应用高新技术软件及互联网可以使各层次人员都能够获得自己想要的财务数据，用来支撑工作。例如，某个项目的负责人可以通过客户端随时了解自己项目的费用使用情况、预算额度、资金配置情况、采购状态等。根据职责的不同，相关人员也可以通过授权订制各种类型适合不同岗位职责的财务数据及分析报表，提高工作效率，同时可以减少财务人员的工作量。

5. 财务管理人员更具价值性

在传统的财务管理过程中，企业对财务管理认识不足，认为财务管理主要的任务就是管理企业的财务资金或者就是报销、报表等工作。在大数据时代下，财务管理人员的角色发生了改变，财务管理人员可以向企业高层经营管理晋升，还能成为企业专门的财务风险预判师，发展的渠道大幅度增加。财务管理人员可以通过应用高新的科学技术对一些复杂的生产数据进行深入的分析，对企业目前存在的财务问题进行充分的了解，对企业当前的财务状况进行分析，为企业决策者在决策过程中提供全面的财务信息。在大数据时代中，财务管理人员的价值有了很大的提升。

（三）大数据时代财务管理人才培养思路转变存在的问题

1. 财务管理理念太过陈旧

国内很多企业在发展的过程中，太过重视企业发展的经济利益，而忽视企业的管理过程。尤其是对企业财务的管理，在这样的基础之上，财务管理部门把工作的重点放在企业的资金流出、流入中，没有发挥财务管理应有的价值，不能为企业决策者决策企业发展提供有效的数据支撑。除此之外，以前的企业财务管理比较重视有形的资产，而忽略无形资产对企业的价值和决策意义，这些原因导致企业在大数据时代发展有很大的限制性。

2. 对财务管理的认识不足

在当今信息化发展如此迅速的时代，很多企业的财务管理人员对财务管理的认识还存在不足，认为只要是计算机办公就能在大数据时代下取得良好的发展，只要实现了会计电算化管理就已经足够了，没有认识到企业财务数据整合、分析、应用存在的巨大价值。在大数据时代下，会计电算化只是企业财务管理信息手段中最基础的一种，更为重要的是财务管理模式和运营方式要跟随时代的变化进行及时的更新和完善。在实际的财务管理过程中，很多企业的财务管理分散，缺乏集中管理理念，导致企业资源很难进行有效和高效的管理。因此，大数据时代下企业的财务管理还面临着许多新的挑战，对财务管理的认识不足，在一定程度上影响了企业财务管理水平的提升。

3. 在企业财务管理过程中缺乏高素质的复合型人才

大数据时代下，企业之间的竞争是通过企业人才的竞争来实现的。从目前来讲，多数企业缺乏既懂企业财务管理，又懂数据处理和设计的高素质复合型人才，尤其是很多财务管理人员缺乏对财务信息化数据的处理和思维的能力，以及根据企业自身特点和需要对财务信息化管理的设计能力。有些企业虽具备信息化数据处理较强能力的人才，但是又对财务管理方面的认识不足，导致他们不能从大量的财务数据提取有针对性的适合企业的有用信息。综合这些原因，目前很多企业在财务管理过程中缺乏高素质复合型人才的问题比较严重，对大数据时代下企业财务管理思路的转变有很大的负面影响。

（四）大数据时代财务管理专业翻转课堂教学驱动

随着翻转课堂的日益发展，工商管理学科应用翻转课堂，在教学资源、技术条件、时效性等方面均具备了一定的可行性。在大数据时代，财务管理专业因数据分析、预测评估、决策判断、职业道德等特性与其他工商管理学科存在一定的差异性。财务管理专业翻转课堂在教学手段、教学关注、教学理念、教学目的方面，均应呈现出大数据时代的特色建构。鉴于此，作者从新媒体案例教学、时间管理、边缘学生、转识成智、实践教学以及价值观教育中的素养提升角度，探讨大数据时代财务管理专业翻转课堂的构建问题。

1. 大数据时代翻转课堂的教学手段：大数据预测与新媒体教学

在大数据时代，财务管理专业翻转课堂的教学实质依然围绕课前知识讲授、课上知识内化、课后知识补救三个环节展开，教学手段呈现出新媒体教学与大数据预测相结合的新特征。随着大数据与新媒体的融合发展，财务管理专业翻转课堂的外延不断延伸。课前知识讲授不再局限于教师录制视频，还可以通过微信和QQ互动平台、手机移动终端等实现学生自助学习知识形式的多样化。

教师可以凭借财务管理课程丰富的案例库，将商场上的实战财务决策与财务舞弊事件通过新媒体形象地展现给学生，有助于激发学生的学习热情。课上知识内化除了包括传统课堂上教师与学生、学生与学生之间的问答、交流、沟通过程之外，还可以借助新媒体开展与其他高校财务相关专业学生的观点争鸣，与实业界财务工作者进行沟通交流，让思想碰撞渗透在学生的知识内化过程，推动财务理论与实践的充分结合。课后知识补救以读书笔记、评价反馈的形式展开，通过新媒体实现翻转课堂知识的共享以及反馈的公平性、实时性。新媒体与教学信息系统可以详细记录学生观看视频的时长，在哪些环节反复或快进观看视频，在互动平台上所关注问题的分布、观点争鸣与沟通交流中的意见发表、知识掌握程度以及反馈评价的情绪状态等，定期利用大数据预测分析学生的学习效果，实时跟进学生的思想状态，有针对性地展开翻转课堂的教学工作。

2. 大数据时代翻转课堂的教学关注：时间管理与边缘学生

在财务管理专业翻转课堂的开展过程中，教师应尤其关注时间管理与成绩较低的学生，以发挥翻转课堂强化学生自主学习、增强学生学习兴趣的作用。翻转课堂对教师的时间管理提出了全新的要求。课前知识讲授、课上知识内化、课后知识补救工作的时间分布与传统课堂截然不同。知识讲授的过程由学生在课下完成，教师应给学生分配较多的自主学习时间。在翻转课堂推进时，学生的自主课下知识学习过程必然存在着一定的困难。教师除了给学生分配足够多的时间进行课下自学之外,在课上知识内化与课后知识补救的过程中也需要分配较多的时间,以弥补学生课下自主学习可能存在的懒惰、知识消化不充分等问题。通过教师在课上与课后对知识的巩固、强化,以期优化学生的学习效果。

在翻转课堂开展的时间管理方面,课前知识讲授、课上知识内化与课后知识补救的时间安排最好各占三分之一。在翻转课堂上,教师对成绩较低的学生的关注也尤为重要。与传统课堂不同,翻转课堂虽然不一定能够避免大班授课的现状,但在学生已经自学知识的前提下,教师与学生的沟通机会增加。在翻转课堂上,教师可以针对学生的学习问题进行针对性的答疑,并切实关注、积极引导学生,使学生融入交流讨论中来,进一步激发学生的学习热情。在大数据时代,除了在课堂上重点关注成绩较低的学生外,教师还可以利用信息平台、平板电脑、视频过程中储存的大数据,分析学生的学习困难,帮助学生树立正确的学习观念,改变学生在课堂上的消极心理状态。

3. 大数据时代翻转课堂的教学理念:转识成智

在大数据时代,财务管理专业翻转课堂的教学理念强调案例教学与实践教学相融合的"转识成智",旨在推动财务管理基本理论内化为学生的财务智慧,在案例教学与实践教学中培养学生的职业素养。在教学过程中,"转识成智"的实现需要经过"知识习得—主动内化—实践运用—理性反思—智慧生成"等转化过程。在翻转课堂的推进过程中,课前视频引入财经界的各类实战案例,在课上知识内化时进行商业案例的决策模拟和情境演练,课后知识反馈时评价学生在案例分析和模拟中的表现,总结财经理论的实际应用过程,实现知识向智慧的内化转型。

在案例讨论与分析推动实践教学的基础上,要建立健全学科人才培养基地,保证学生在实习实训基地接受培训的时间,推动教师科研、教学与企业实践的紧密结合。在实践教学过程中,要注重培养学生在财务、会计实务中的操作能力,巩固学生在案例模拟培训中沉淀的经验与智慧,帮助学生将财务理论与企业财务实践结合起来思考问题,解决学生在知识内化为智慧过程中的潜在困难,有针对性地提高学生的专业素养。在大数据时代,在信息操作平台的帮助下,教师可以收集学生翻转课堂中案例教学与实践教学过程中的大数据,定期分析学生的知识接受、知识内化和智慧提高的发展情况，专业定制学生的培养方案，切实提高学生的实践应用能力。

4.大数据时代翻转课堂的教学目的：价值观教育中的素质提升

在大数据时代，翻转课堂的教学目的不再是单一强调专业素养和应试能力，而是关注价值观教育中的素质提升，旨在塑造学生高尚的道德素养，打造专业与职业相融合、智商与情商相依存、创造性与稳健性兼具的高素质财务管理专业人才。大数据时代的翻转课堂在一定程度上有助于塑造学生正确的价值观。

价值观教育与道德教育非一朝一夕之功，需要教师在翻转课堂上的教学视频中融入丰富的财务道德案例，在课堂讨论中深入探讨财务舞弊及其后果，利用大数据密切跟踪学生心理动态，切实将价值观教育融入翻转课堂中，培养出高品德的财务专业学生。

（1）教学中的专业与职业目标

财务管理专业的学生要培养以数据处理、数据分析为基础的与数字打交道的过硬能力。

翻转课堂通过财经案例分析、财务实习实训、新媒体教学、大数据考核等方式，注重财务理论与财务实践的结合，致力于培养专业水平高、职业素养高的财务专业学生。

（2）教学中的智商与情商目标

传统教育强调学生智商的培养，因教与学的固有教学关系，导致教师对学生情商培养的困难性。在翻转课堂上，教师与学生之间的沟通机会增多，教师可以通过智能教学平台随时记录学生在沟通中的表现，通过大数据分析预测学生在情商中的优点与缺陷，有针对性地为学生制订情商培养计划，打造高智商、高情商的现代财务专业学生。

（3）教学中的创造性与稳健性目标

财务管理专业学生在具备会计基本素养的基础上，需要分析商业组织的财务运转，甄别财务漏洞，制定财务策略。创造性对于财务专业学生而言，是其职业规划中需要重点培养的技能。在翻转课堂上，教师要通过情境演练、模拟案例等实战方式，在充分沟通与交流的基础上，激发学生的创造性；在强调创造性的同时，仍需不断提醒学生注意财务中的稳健性原则。

基于财务管理专业的培养特色，本书以大数据时代背景为研究前提，从教学手段、教学关注、教学理念、教学目的角度阐述财务管理专业翻转课堂的构建。本书认为，大数据时代财务管理翻转课堂的建设，应充分采取新媒体教学与大数据预测相结合的教学手段，通过与时俱进的时间管理，关注成绩较低的学生，树立案例教学与实践教学相融合的"转识成智"的教学理念，强调财务管理专业学生在专业技能、商业技能、职业技能中的全方位素质培养。

大数据时代财务管理翻转课堂需充分发挥师生互动与个性化沟通，推动建议式学习模式，采集教师教学、学生学习、师生沟通的大数据，进行预测分析，优化教学结构，不断推进教学效果，提升价值观教育下财务管理学生的道德与才能素养。

五、应用型本科院校财务管理人才培养模式探究

（一）注重独立思考能力培养的教育理念

教育理念是人才培养的整体思路和宏观指导，只有在科学、先进、完善的教育理念指导下，高等教育才会健康、快速地发展。我国财务管理专业的教学理念中虽然包含了对学生理论和实践能力的培养，但仍然存在着重知识、轻能力的局面，而忽视了学生深层次的独立思考。财务管理教学应注重学生独立思考能力的培养，以学生为中心来设计和开展教学活动，采取指导性教学和自主性学习相结合的模式，运用各种教学手段激发学生的学习兴趣，使学生在独立思考的同时，掌握财务管理学科的特点，深层次地理解该学科，从而加强对学生职业道德素质和终身学习能力的培养。

（二）激发学生自主学习的兴趣

有关学习动机的研究发现，只有学习者具备了强烈的学习动机，他们才会有学习的原动力，才会积极主动地学习。兴趣是学习动机的出发点，因此教师应采取积极的手段激发学生自主学习的兴趣，增强学生学习的信心，实现良性循环。这就需要教师根据学生的心理特点，改革现有的财务管理教学内容。

一方面，在课堂教学上，教师应从学生感兴趣的话题入手，结合现实中存在的财务管理问题，引导学生进行思考，变枯燥的财务理论为有趣的生活案例，增

强财务管理知识的实用性；另一方面，在课堂之外，教师还应利用现代化的技术手段，扩展学生的学习视野，使学生了解财务工作的特性，自觉激发其融入性动机。同时，教师应强化对学生的学习成就感的培养，通过激发成就感使学生对财务管理的学习产生兴趣。这就需要教师在设定学习任务时把握适度原则，既不能使学生丧失信心，也不能太过于简单，对学生没有吸引力。一旦学生对专业学习产生了兴趣，形成了一个乐观向上的态度，学习效果就会更好。

（三）改进教学方法

就教学方法而言，教师要运用讲授、讨论、模拟、案例教学等方法与其他多种方法相结合的教学方式，给学生较多自学的时间，从而培养学生运用已学知识自主地分析和解决问题的能力。教师除了通过讨论、指导、鼓励学生交流思想观点之外，还需要指导学生在主动、积极的心态下更深刻地把握知识，在锻炼表达能力与逻辑思维能力的同时，还能学会自主学习。其中，案例教学法是近几年财务管理教学中普遍应用的一种教学方法，并已取得一些成绩。

下面我们对其优点进行详细的分析。首先，学生可以根据案例在课下搜集、整理和了解与案例有关的背景资料，在课堂中对案例进行讨论和归纳，同时还可以对当前所学内容的弱点进行研究，进而让学生对财务管理的知识拥有更加深刻的了解。其次，案例教学法不仅可以激发学生的学习兴趣，还能培养和提高学生自主解决问题的能力和创新思维能力。再次，学生在对案例讨论的过程中，也会在一定程度上培养学生的人际交往能力和团队协作能力。最后，模拟教学法也是一项十分有效的教育方法，该教学方法是教师先提前根据企业财务管理的内容，例如，财务预测，决策等为学生设计出相应的模拟方案，然后让学生亲自动手，担任企业财务人员，开展实际操作来达到教学目的的实践性教学方法

模拟教学法有三点至关重要：首先，在设计模拟方案方面，教师要对实践资料进行大量的收集。其次，教师还要深入了解学生的实际情况，根据学生当前所学的知识，设计出覆盖财务管理全过程的模拟方案，包括各个环节的模拟方案和综合模拟方案。最后，教师可以运用现代化的教学手段，研制出计算机软件用于学生的模拟学习。

在日常生活中，我们通过对企业观察，可以发现很多的企业都要求财务管理

人员拥有熟练使用 Excel（电子表格软件）的能力。需要注意的是，对电子表格软件的运用，并不是简单地掌握其中的基础知识，而是应该在把 Excel 运用到财务管理的各个环节中去。由此，我们也就了解到，教师需要把表格的应用融入日常的教学之中，在设计案例中融入 Excel 应用，从而让学生将所学理论的知识应用于实践。这样的教学方式不仅符合用人单位对人才的需要，还符合理论与实践相结合的应用型财务管理人才培养的目标。要想很好的运用这一教学方法，就需要做到以下三点：首先，教师在业余时间要撰写大型财务管理案例，使学生能得到全面锻炼。其次，教师可以组织学生进行模拟实习，具体来说，教师可以将学生分成多个小组，每个小组对模拟方案进行轮流的实习，在每个小组轮流结束之后对方案进行讨论与研究，然后可以评判出最佳实习方案。最后，教师需要带领学生进行事后总结，在模拟实习结束时，以组为单位总结模拟实习期间的得与失，并写书面总结，指导教师做最后的分析和总结。通过以上分析与研究我们可以发现，该教学方法能充分调动学生的积极性，让学生在练习中应用所学内容，增强学生的操作能力和创新能力。

（四）构建合作学习的模式

在教学过程当中，合作学习的主要目的是优化学生的学习方式和教师的教学策略。合作学习能够使学生养成自主学习、合作共赢的学习习惯，学生在课上课下都能够组成小组进行自主学习，打破大班教学的空间局限。在这种情况下，小组内的同学可以对遇到的问题开展讨论，与此同时还可以通过合作的方式来完成教师所分配的任务，同学之间也可以相互交流经验。这样的方法能够使学生通过交际活动来锻炼自己的思维，不仅给不同水平的学生提供了良好的学习条件，还填补了大班学习的空白。另外，同学间取长补短，相互进步，还可以全面提高教学质量。需要注意的是，教师还应该将小组合作学习与班级授课结合起来，从而实现个人学习的有机融合，对每一部分的学习时间进行合理安排。与此同时，教师在开展小组合作学习活动的过程中，要积极掌握各组的信息，及时地对学生进行协助与辅导。通过以上论述我们发现，这一模式的合作学习，不仅可以增强学生自主学习的兴趣，也便于学生之间进行沟通，让学生团队精神得到发展。

（五）充分利用网络资源

随着时代的进步与发展，现代教育技术手段在不断地进步与发展。开发网络教学资源，可以扩大学生的学习空间，给学生创设自主学习的良好环境和条件。学生可以不受空间与时间的限制，利用网络资源进行学习。将网上课堂与现实课堂结合起来，将学生主体与教师主导起来，是当前保证教学质量的首要途径。通过网上教学既可以将教学方法、教学媒体和教学技术结合起来，又可以为学生提供自主与个性化学习的环境，并通过教师、学生和教学资源这三者之间的相互作用，达到学生终身学习的目的。网络资源的使用也要求学校与教师努力营造一个以网络为依托的职业学习氛围，建立财务管理网上课堂，设立网上模拟实验室，搭建网络交流平台，指导学生使用与财务管理相关的网络资源。在专业学科门类上，这一举措能给学生构建活跃、互动、资源丰富的学习环境，从而帮助学生打开各种学习课程的关节，让学生沉浸在专业学科知识的海洋之中，通过网络资源逐渐形成"教师导学—学生自主学习—教师助学"的"三学"教学模式。

（六）构建完善的财务管理实践教学体系

1. 实验室模拟实习

模拟实习对提高学生的动手操作、分析问题和解决问题的能力，具有重要的作用。这种教学方法的主要方式就是电算化实习。电算化实习在对财务管理的教材分析和企业理财实践的基础上，将财务管理实验主要分为三类：基础实验，是对财务管理中的电算化软件的基本功能与操作进行实验设计，从而培养学生的计算机财务管理的基本操作能力；单向实验，是在财务管理中针对某一个重点的知识点分别设计多个单向实验项目；综合实验，就是将财务管理与会计学的知识进行融合，然后用案例的方式体现出来，从而培养学生财务管理知识与会计知识的综合运用能力。

2. 校外实习

除了模拟实习的方式对学生的财务管理进行锻炼之外，还可以采用校外实习的方式来培养学生，具体来说可以采取以下措施：

（1）在给学生寻找实习单位这个方面，学校应该鼓励学生去寻找合适的实习单位，用灵活的方式保证学生完成实习大纲中所规定的实习内容，从而形成良好的实习效果。对于没有联系到实习单位的学生，学校应该积极地承担责任，保证每一个学生都有实习单位。

（2）一些企业担心实习的学生会泄露商业秘密，所以，学校可以给学生与企业签署保密的实习合同，从而打消企业的后顾之忧，同时还能保证学生的实习权益。

（3）在实习的过程中，财务管理与会计业务是不同的，财务管理中会有多种业务并存的情况，如果学生在实习的过程中不能解决或者遇到这种情况，那么学生在实习的过程中学习的内容就是不完整的。学生应该如何解决这一问题呢？学生可以请企业财务人员介绍与讲解这一方面的知识，也可翻阅企业的历史资料来增加这方面的知识与了解。

在培养应用型管理人才中，教师扮演着很多重要的角色，如知识与技能的传授者，教学过程的组织者与管理者，学生自主学习的指导者与心理健康的疏导者。也正是这些角色才更加要求教师不断地接触新鲜事物，不断地发展自身的创新精神与新知识，从而提高自身的综合素质，培养出更多优秀的应用型财务管理人才。

第五章 现代企业财务分析的实践化发展

本章为现代化企业财务分析的实践化发展,分别从四个方面进行了阐述,即现代化企业分析的问题与对策探讨、现代企业财务效率分析、基于价值链的财务分析、现代企业财务报表体系的构建。

第一节 现代企业财务分析的问题与对策

一、财务分析的基础概念

财务分析是有依据的,其依据的材料是财务报告,也可以是其他相关的资料,根据资料上的内容,对企业的财务状况进行一系列分析,从而了解企业的经营现状如何、取得了哪些成果、未来发展的方向是什么等。最开始分析财务状况的是银行业,产生的时间大概是19世纪末20世纪初。为了对财务分析这一概念进行更充分的理解,我们需要了解下面几个相关的问题:

(1)财务分析作为一门学科,具有边缘性和综合性。分析财务状况不是一件简单的事情,单纯拼凑和机械重复是无法正确地分析财务状况的。只有在相关的理论和要求的指导下,我们才能进行财务分析。所以,我们可以说,财务分析是一门经济学科,也是应用性较强的学科,并且具有独立的体系,理论和方法论这两个体系都是自成一套的。

(2)财务分析的理论体系是独立的,已经发展得非常完整。自从财务分析产生以来,在不断地发展的过程中,理论体系也是不断发展的,有其自己的理论体系,表现在财务分析内涵清楚、目的明确、作用明显、内容完整、原则清晰、形式固定、依据充分、组织健全、体系完整。

（3）财务分析有健全的方法论体系。财务人员可以通过一般的方法进行财务分析，也可以通过专门的方法进行财务分析。这些分析方法主要包括比率分析法、垂直或者水平的分析法、趋势分析法、因素分析法等。

（4）财务分析必须要依据相关的资料，这些资料必须是客观、系统的。财务会计报表作为基本的材料，在企业的财务分析中是最基本的，为财务分析奠定了基础。另外，还有会计报表的补充资料。其他资料如市场的相关信息等，都可以作为依据，从而使得分析更加真实可靠。

（5）要带着目的进行财务分析，通过财务分析可以起到一定的作用。因为分析财务的对象和主体是不同的，所以二者会对财务分析目的形成制约，并且不同的主体之所以要进行财务分析，是因为其目的本身就是有差异的。财务分析的不同对象所重视和在意的也是不同的问题。

二、企业财务分析的基础内容

（一）企业财务分析的主体

财务分析主体是指"谁"进行财务分析，即企业的利益关系人。一般来说，财务分析主体可以根据企业内部、外部划分，分为外部分析主体和内部分析主体两类。

外部分析主体是指企业外部的分析者，包括债权人、股东、其他有利益关系的企业、会计师事务所、政府管理部门、其他有关机构等。

内部分析主体主要指企业内部的分析者，包括企业经营者、所有者、职工等。

企业财务分析主要从以下三个方面进行：

（1）分析企业经营目标实现与否。每一个企业都有自己的计划，计划能否按时完成，涉及经营目标的能否实现。

（2）分析影响经营目标的因素。经营目标实现与否受多种因素影响，有一些因素起到的作用可能是促进目标的实现，有一些因素起到的作用可能是阻碍目标的实现。在分析影响因素的作用之前，先要明确影响因素有多少。

（3）分析各影响因素的作用。在明确了有哪些影响因素之后，进一步分析各影响因素的具体作用,哪些是积极因素,哪些是消极因素,然后采取相应措施,发挥积极因素的促进作用,扼制消极因素的阻碍作用。

(二)企业财务分析的必然性

1. 市场经济体制要求企业必须进行财务分析

市场经济体制的特征表现为资源配置市场化、市场竞争公平化。

(1)市场配置资源需要进行财务分析。资源配置和资源调整的过程表现为资金运动,要做好与公司资金运动相关的经营和决策,必须要进行资金运动的研究,做好财务分析。

(2)市场竞争的原则需要进行财务分析。竞争是优胜劣汰的发展过程,既会给公司带来压力,也会给公司带来动力,如何使成本最低,要认真进行财务分析,在分析的基础之上才可以采取有针对性的措施降低成本。企业想要在竞争中取胜就要有长远的考虑,研究未来可持续发展战略,尤其是研究公司竞争战略时,就更要进行财务分析了。

2. 进行财务分析是建立现代企业制度的必然要求

我国经济体制改革的一个重要方面就是建立现代企业制度。现代企业制度有四个特点,即政企分开、产权清晰、权责明确、管理科学。政企分开促使企业进行财务分析。政企分开使企业的自主性增强,使企业的依赖性降低。企业不再是找政府,而是去跑市场,认真研究市场,认真进行财务分析,寻求与市场的契合点。产权清晰会促进所有者和经营者重视财务分析。产权清晰使企业所有者更加关注投入资本的保值、增值,认真进行企业财务分析,以此评价企业经营者的业绩。企业经营者为完成所有者的委托,履行经济职责,更要进行企业全面财务分析。管理科学要求经营者(管理者)必须进行财务分析。现代企业的经营主要体现在科学管理上,向管理要效益已成为企业管理者追求的目标。企业管理者要管理科学,就要认真进行企业的财务分析,在每一个环节上下功夫,实现科学管理的目的。

3. 进行财务分析是加强公司管理与提高公司经济效益的有效途径

(1)通过财务分析能够盘活公司资金存量。财务分析会使企业经营者了解企业资金运动的情况,如资金的多与少、资金的闲置与浪费等,为企业资金的安排、调度提供依据。

（2）通过财务分析可以改善公司资金结构，保持公司资金平衡。财务分析的结果会告诉经营者企业的资金结构、资本结构的状况。企业经营者要结合行业的平均水平了解自己企业的情况，知道差距产生的原因，进而采取措施促进资金平衡，不断改善资金结构，使之逐渐合理。

（3）通过财务分析可以提高公司的资金使用效益。企业对于资金使用效益的好坏，需要通过财务分析、计算相关财务比率之后才能了解。企业想要提高资金的使用效益，就要时刻关注资金使用的效益状况，不断采取措施，为此就必须要进行财务分析。

三、完善企业财务分析存在的对策建议

（一）加强财务分析人员综合素质

1. 从企业层面培养专业的财务分析人员

（1）企业要进行人员选拔，从中选择出有能力的人，公平、公正、公开地选拔人才，这些人必须要有较高水平的专业能力。企业不能选拔不符合要求的人员，在选拔过程中要禁止舞弊的现象出现。除此之外，人员的综合素质也是企业必须考量的一个标准。同时，企业还要对选拔人员的责任心等方面的素质和态度进行考量。

（2）企业要对专业的人员进行培养，从多个方面对人员的能力进行培训，提高财务分析工作者的综合素质，提升其专业水平，丰富其专业知识，使其潜力得到开发，使其优势得到充分的发挥，提高其数据分析的能力，提高其对未来的预估和预判能力。

（3）财务分析的工作者必须要不断完善自身，不断学习，提高自身的专业水平，对财务分析的方法要熟练掌握，对财务分析的工具要能够熟练运用，同时要有足够的判断能力，从而对财务的状况作出判断。工作人员要重视自己的财务分析工作，不断提高自身的分析能力，提高自身的组织能力，从而使得自己可以更好地进行财务工作，对于财务分析所要用到的软件也要进行熟练的运用，分门别类地对企业的项目或者部门进行分析，减少失误，提高正确率，降低成本。

2.重点提高企业管理层对财务分析的重视程度

企业的管理层必须要重视财务分析，认识到财务分析对企业的重要性和必要性。财务管理和分析是一个整体，企业管理层只有重视财务分析，才能更好地进行财务管理，从而对企业进行更好的管理。企业管理层只有对财务相关数据有所了解，才能掌握企业的实际状况，对各部门进行合理的协调和组织。企业管理层必须要对财务分析的地位有一个正确的认识，认识到其重要的作用；在了解财务分析状况的时候，必须是客观、独立进行的，只有这样才能保证决策的准确性，促进企业经济效益的提升。

（二）加强财务分析数据资料的准确性、客观性

只有客观、准确的数据，才能使得财务分析的质量更佳。财务数据要明了，财务报表要符合财务制度，只有这样才能使得财务分析更加透彻、有效，企业的决策者才能更好地进行决策。财务分析工作者必须要熟练掌握各种相关的软件、设备，对企业的财务信息等的汇总模式要熟悉，知道如何查询财务数据，知道财务数据的共享模式该如何运用，对大数据等软件和系统都能充分运用，从而使财务分析进行得更加有效率，运用技术使数据分析更成体系，尽量减少人工的干预，降低随意性，从而使得数据资料可以更加准确，提高其实用性。

（三）建立健全财务分析体系

企业只有将体系建立起来，并且使其形成健全的、独立的制度体系，才能使得财务分析更准确。在企业管理的过程当中，完善的制度、健全的体系能够使财务分析将更有价值的信息汇集起来，从而对企业的真实经营状况进行判断。企业的决策者可以依据数据正确认识企业在市场中的水平，对企业的实力进行正确认识，为企业改善管理、提升水平提供依据，促进企业的发展，促进企业经济效益的提升。

财务分析人员的专业水平必须符合业务要求。企业要将财务分析人员的体系建立起来，对财务工作各个人员的职责进行明确划分。

财务分析的内容也要进行相应的处理，使得完备的体系建立起来，对企业的营运、偿债等能力进行深入分析，也对企业的税务和经营水平等进行分析，使得

企业的管理层对企业的情况进行正确把握，了解企业的优势和劣势，从而尽快作出调整，促进企业的发展。

（四）充分运用更加全面的财务分析方法

在进行财务分析的时候，应该将多种方法结合起来，从多方面分析，从而使得结果更加准确。财务分析有很多种方法，并且这些方法有着自身的优点，将这些方法结合起来运用，可以使得结果更加合理、有效。财务报表中的数据是静态的，反映的只是企业过去的经营状况，而企业的发展却是动态的，单纯地对报表数据进行分析是不够的，财务分析人员必须采用多种方法，动态和静态相结合，从而对企业财务进行更恰当的分析。财务分析工作者必须要熟练掌握信息化的手段，因为在未来这必将是大势所趋，通过多角度、多层次分析企业的财务状况，使得财务分析更加准确，促进企业的发展。

第二节 现代企业财务效率分析

一、现代企业财务效率分析的具体要求

（一）企业营运能力分析

1. 营运能力分析的概念

企业资产营运的效益和效率就是企业营运能力的展现。其中，效益指的是对资产进行营运最终产生的效果，这一效果主要体现在资产的投入产出比上。资金周转的速度指的就是效率。

关于营运能力这一概念，我们可以从两个角度进行理解，分别是狭义和广义两个方面。从狭义上来说，企业利用资产的效率就是营运能力；从广义上来说，企业包含的所有要素都可以营运，发挥出一定的作用，所发挥的全部作用就是营运能力，人力、物力、财力、管理等各项经济资源通过相互作用、配置等方式形成物资力量，从而对企业的运行起到推动作用。我们这里所研究的营运能力概念是从狭义上来看的。分析企业营运能力就要分析相应的指标，这些指标可以反映企业资产在营运过程中的效率如何，效益如何，然后展开相应的计算，通过合理、

正确的分析，对企业的营运能力进行评价，从而促进企业的发展。

2. 营运能力的意义

对于企业来说，营运能力具有多方面的意义，既可以反映企业的经营策略是否取得了成效，基础管理是否到位，市场营销状况如何，还可以反映盈利情况，因而进行营运能力分析十分必要。其重要意义表现在以下几个方面：

（1）分析企业的营运能力可以对企业的资产存量进行确认，知道其规模如何。市场是不断变化的，企业也随着市场的变化对生产规模进行调整，这就使得资产存量也会随之发生相应的变化。为了了解相关情况，企业必须要进行营运能力的分析，从而对经营活动进行了解，了解需要资产的量到底是多少，将生产经营活动作为依据，对资产存量进行相应的调整，使生产规模和资产存量可以相互适应。

（2）分析企业的营运能力可以对资产情况更好地了解，从而合理地对资产进行分配和配置。企业的运行需要多项资产的共同支持，由于作用不同，使得其所占的比重大小会不同程度地影响企业经营状况。我们将资产存量看作是定量，其分配情况的不同会影响营运的效率，也就是说如果对资产进行了不合理的配置，那么企业的营运效率势必会降低。通过营运能力分析，企业可以及时地对资产配置中存在的问题进行排查，并且对资产配置进行不断的优化，从而使得企业营运效率得以提升，促进企业的发展。

（3）分析企业的营运能力可以使企业对资产进行更充分的利用。我们假设企业的资产存量是相同的，并且在资产配置方面的情况也是相同的，对资产的利用效率不同，最终的财务成果也是不同的。通过营运能力分析，企业可以更合理、充分地利用资产，找到资产利用的问题，使企业在经济效益方面可以得到提升。

3. 流动资产营运能力分析

企业的流动资产营运能力可以通过多项指标反映，这些指标主要包括流动资产、存货、应收账款的周转率等。

（1）应收账款周转率分析

在一定时期内，企业赊销收入净额和应收账款平均余额相比，产生的比率就是应收账款周转率，这一指标反映了企业对于应收账款管理的效率。如果应收账款周转率数值大，是正指标，那么就说明该企业在资金流动方面是完全没有问题的，并且坏账损失不会轻易发生，就算产生一定的债务，也可以在短期内还清，企业信用状况好。需要注意的是，应收账款周转次数并不是越大越好，如果应收账款周转次数过高，则会限制企业业务量的扩大，影响企业的盈利水平。应收账款周转天数是反指标，一般来说越小越好。应收账款周转率尚无一定标准，很难确定一个理想的比较基础，一般以行业的平均周转率水平作为企业的比较标准。

应收账款周转率分析，是加强应收账款管理的一个有力措施。当应收款项周转率偏低时，可以对其原因进行考虑，包括的原因主要有以下几个方面：①在收账的时候，采取的方针不正确或者不合适，也可能是企业制定的销货条件不合理或者不恰当。②在计划收账的时候，没有进行合理的计划。③同行业产生了激烈的竞争，或者是因为市场的变化导致物价发生了波动。④客户在财务方面产生了困难。其中，①和②是主观因素，企业财务管理者应迅速采取对策，以求改进。应收账款周转率分析指标并不能对更多的详细状况进行了解，包括的只是一个平均的数值，表示的是一个概况。每个客户具体逾期多少天，具体的数额是多少都没有一个详细的展示。所以要想解决这一情况，可以通过账龄分析法，借助这一方法来对客户的具体情况进行了解。

（2）存货周转率分析

在一定时期内，企业的营业成本和存货平均余额相比，产生的比率就是存货周转率，这一指标评价了各环节的综合管理状况，反映了企业的销售能力和存货周转速度。

通过存货周转率，企业可以看出存货进行周转的速度是怎样的，知道企业在生产经营的过程中、存货运营效率在各个环节中到底是怎样的，这是一个综合性指标。指标越高，说明存货周转的次数越多，这说明企业在存货回收的时候，速度是非常快的，企业经营管理效益越高，资产流动性越强，企业盈利能力越强；反之，则表明存货的管理效益越低，存货占用资金多，企业盈利能力较差。

产品、材料、产成品的存货共同构成了存货。在所有的流动资产中，存货是最为重要的部分，并且所占比重相当之大，达到了流动资产的一半，甚至更多。流动比率受流动资产的影响，不仅如此存货的质量也会对流动比率造成影响。企业评价时，在分析营运能力时，存货营运能力也同样非常重要。

在存货平均水平一定的条件下，存货周转次数越多，说明企业销售成本核算数额越多，产品销售的数量越大，企业的销售能力越强。存货周转天数与存货周转次数比较，存货周转次数是正指标，越大越好；存货周转天数是反指标，越小越好。

（3）流动资产周转率分析

在一定时期内，企业的营业收入净额和平均流动资产总额相比产生的比值就是流动资产周转率，这一指标可以对资产利用效率进行衡量，对流动资产的情况进行正确的反映，包括其周转速度、利用效率等情况。企业通过对流动资产进行利用率的分析，可以对企业的资产利用情况有更深的了解，知道哪些因素影响了资产的质量状况；通过流动资产周转率，知道流动资产在企业中的具体情况，还能对企业的价值补偿进行了解。

如果企业的流动资产周转率处于一个较高的水平，就说明了资金周转保持着一个较为理想的速度。企业在对流动资金利用的时候，可以产生较高的效益，企业可以在较短的时间内获得相对的利润，这就说明其拥有较强的获利能力。不仅如此，如果企业产生了一定数额的债务，则也有能力在较短的时间内偿还完。如果企业的流动资产周转率处于一个较低的水平，则说明企业在经营过程中，对流动资产的利用并不充分，流动资产利用效益差。

在流动资产周转率分析时应注意，只有当营业收入比流动资产增幅高，才能使得流动资产周转率的变动处于良性状态。企业在分析指标情况的时候，可以通过对比可以发现这一步骤使企业对流动资产有更充分的了解，从而加强管理，实现对流动资产的充分利用。除此之外，流动资产周转率分析也提高了企业对流动资产的使用率，采取了相应的措施对销售的规模进行了扩大。

4. 总资产营运能力分析

在一定时期内，企业的营业收入净额和平均资产总额相比产生的比值就是总资产周转率，这一指标对企业的全部资产进行了相应的评价，包括资产的利用效率如何，经营质量怎么样等。

总资产周转率可用来分析企业全部资产的使用效益。如果这一指标处于一个较高的水平，则说明周转速度是较快的。并且，企业在对资产利用的时候，使用程度是相当高的。企业对总资产的运用能力越强，企业获得盈利的能力就越强，企业偿还债务的能力就越强。如果这一指标处于一个较低的水平，则说明企业对资产的运用情况不是很好，经营效益处于一个较低的水平，获利能力相对较差，若是企业发生债务问题，由于企业偿还能力不强，很难在较短的时间内或者恰当、合理的时间内对债务进行偿还。

总资产包含了多个资产的类别，其中，流动资产是周转速度最快的一类资产，所以流动资产的周转速度会对总资产的周转速度产生直接的影响。总资产周转率的快慢取决于两大因素：一是总资产中包含了多少流动资产，也就是说流动资产的比重，如果流动资产在总资产中所占的比重较大，总资产周转得越快，如果流动资产在总资产中所占的比重较小，总资产周转得越慢。二是总资产的周转率还会受到流动资产周转率的影响，与其他类别的资产相比，流动资产的周转速度是比较快的，流动资产的周转速度越快，总资产的周转速度也会随之加快；流动资产的周转速度越慢，总资产的周转速度也会随之减慢。

（二）企业盈利能力分析

1. 盈利能力的基本概念

在一定时期内，企业获取了多少利润，产生了多少盈利，这一能力就是企业的盈利能力。企业通过支配自身所拥有的经济资源，进行相关的经营活动，并通过这些活动赚取相应的利润，这就是企业盈利能力的展现。企业要想在竞争激烈的市场中生存下去，并且不断取得自身的发展，就必须开展经营活动来营利。

采用某种方法，通过分析，对企业的获利能力进行判断和预估，这就是分析企业的盈利能力。对于企业的经营者、投资者来说，盈利能力是相当重要的一项内容，直接影响企业的业绩。对于职工来说，这同样是非常重要的一项内容。与企业利益挂钩的人员都可以通过企业的盈利能力对企业进行更深入的认识和了解。因为使用报表的人不同，其对盈利能力的分析也不同，所以不同的人会有不同的侧重点，在分析的时候就会拥有不同的意义。

（1）对投资者的投资是有利的

对于投资者来说，投资就是为了获利。如果一个企业拥有较强的盈利能力，那么投资者自然也更愿意将资金投入其中，这样才能使自身获利。

（2）债权人可以对投入的资金是否安全进行衡量

债权人注重的是资金能否回收本息，投入资金的安全是否能够得到保障，希望借贷资金可以向更安全的企业、部门等流动，产生更高的利润率。

（3）政府部门可以更便捷地行使社会职能

企业盈利能力强，就意味着其实现的利润多，对政府税收贡献大。

（4）企业职工可以判断职业是否处于稳定状态

人们在选择职业时需要对企业的盈利能力进行了解，通过这一指标可以直接知道企业的经济效益如何，从而判断自身的利益是否会得到保障。

（5）有利于企业管理人员对企业进行经营管理

要想获得利润，企业需要稳定地发展、持续地经营，这是最基础的条件，企业只有最大限度地获利，才能够保证自身的持续发展。

企业财务的目标就是要让企业最大限度地获利，并且能够对这一状态进行保持。在这一状态下，企业也能持续、健康发展。企业的各项活动水平、经营状态都可以通过盈利能力反映出来，所以，与企业利益相关的所有人员都会对这一能力格外重视。

无论是企业现有的投资者，还是企业的潜在投资者，他们都会格外重视企业在盈利方面的能力。这是因为企业盈利越多，他们的股息收入就越多。并且盈利还关系到股票的价格。企业的债权人同样也非常关注企业的盈利能力，因为这直接关系到企业能否对债务进行偿还。利润是企业进行偿债的来源，只有在利润充足的情况下，企业才能对债务偿还。企业管理者同样会对企业的盈利能力进行关注，主要是因为盈利能力可以反映一个企业很多方面的问题，包括企业经营水平、营销策略的水平等各方面情况，这些与企业的业绩及其承担的责任等息息相关。综上，我们可以看出，对于不同的报表使用者来说，企业的盈利能力有着不同的意义，且这种意义是相当重要的。

企业的经营者必须尽可能地对资本的完整性进行维护，从各项生产经营活动中获利，从而增强企业的盈利能力，将股利发放给股东，将薪资发放给员工，对债务进行偿还，促进企业的可持续发展。企业要保证企业的净资产是完整的，与此同时，还要在这一基础上取得利润，只有这样才能保证企业的发展，为国家稳定的财政收入作出贡献，促进国民经济发展。因此，在分析财务报表的过程中，分析盈利能力是具有重要意义的。

2.企业盈利能力的指标分析

企业的利润取决于企业生产经营的业绩、生产经营规模、经济资源占有量、投入资本的规模以及产品价值等因素。当对企业的盈利能力进行衡量时，不能仅将利润总额作为唯一的指标，应考虑多方面的情况。要知道，很多企业的差别非常大，尤其是在资产规模方面，实现的利润额差别很大；同一企业处在不同时期，也由于生产经营规模和产品品种的变化，引起利润额较大幅度的增减。因此，根据利润额的变动来判断企业利用所掌握的经济资源获取利润的能力受到一定的限制，利润率指标可克服这一缺陷，采用利润率指标更适合于评价企业的盈利能力。

通过对利润表的分析，比较其中与利润相关的项目，关注其中的关联性，对盈利能力进行分析，从而对企业展开相应的评价，我们可以对企业未来的发展趋势进行预测，对企业目前的效率进行评判。通常分析企业盈利能力，主要从以下两个方面进行：

（1）企业的经营盈利能力分析

分析企业盈利能力可以通过多项指标进行，这些指标主要包括销售的毛利率和净利率等。

销售毛利率是指销售毛利额同销售收入净额的比率。企业要想拥有最终利润，前提条件就是销售毛利率必须足够大。可以说毛利是基础，有了毛利才会形成利润，毛利低，盈利能力就低；毛利高，盈利能力就高。

在一定时期内，企业净利润和营业收入相比得出的比率就是销售净利率，这一指标反映的是企业的营业收入，是对企业盈利能力的反馈。这一指标会受到很多因素的影响，包括销售的成本、价格、结构，市场因素、行业因素等方面，销售数量不会对销售净利润产生直接的影响。通过销售净利润，企业可以发现自身存在的问题，制定出相应的解决措施，知道自身发展的方向，这也反映了短期内企业的盈利能力，从而使企业可以对自身的发展水平有更深入的了解。

在一定时期内，企业的利润和成本二者总额相比，形成一定的比例关系，这一比率就是成本费用利润率，指的是企业对1元的成本进行耗费所能创造出的利润额。它反映了企业所得与所费之间的关系，是衡量企业盈利能力的重要指标。

成本费用利润率这一概念是从一个新的角度对企业的状况进行评价，这个角度就是耗费的角度，通过这一角度来对企业的盈利状况、收益状况进行相应的评价，使得企业能够更加了解自身的盈利能力，减少不必要的支出，对企业内部进行更加合理的管理，从而使得企业的经济效益得以提升。企业都希望获得更多的利润,并且耗费越小越好,这一比率如果处于较高的水平,就说明企业可以对成本进行相应的控制,减小耗费,提高盈利。

(2)投资盈利能力分析

投资盈利能力分析是指分析在所有的投入资金中,利润与多少比率,从而对企业的增值能力进行评价。对于债权人和所有者来说,权益是企业资金的主要来源,资金的投入会使各种形态的资产得以形成,从而在企业中得以运用。在一定的时期内,企业对资产占用得越少,获利越多,在资产获得这方面也会有更强的能力。所以,如果有相关人员对企业的信息有所需求,则可以分析企业的资产获得能力,明晰其在资产运用方面效益如何,整体观察,仔细研究,对该企业的投资效果进行了解。另外,由于所有者权益资本在企业发展中具有举足轻重的地位,企业必须提高投资报酬,吸引相关人员进行投资,现有投资者发现利益会继续进行投资,潜在投资者对企业的能力进行认可之后也会将资金投入其中。所以从所有者这一角度来对企业进行分析,同样是一种比较重要和新颖的方法。

综上所述,投资盈利能力分析的指标蕴含了多方面的概念,主要有市盈率、净资产收益率、总资产报酬率和每股收益。

在一定的时期内,企业的报酬和平均资产的总额相比得出的比率就是总资产报酬率。它用于衡量来源于不同渠道(即债务融资和股权融资)的企业全部资产的总体获得能力。企业通常会将这一指标与市场利率对比,若是总资产报酬率大,说明企业负债经营是没有问题的,可以对财务杠杆进行恰当的利用,从而使得企业可以获得更多的利润。

在一定的时期内,企业净利润和平均净资产相比得出的比率就是净资产收益率,这一指标是对企业净收益能力的展现。投资者将资本投入企业中,通过不断地积累,形成收益,产生报酬。在对企业的资本经营效率进行评价的时候,这是一项非常核心和重要的指标。

净资产收益率是一项非常具有代表性的指标,也是一项综合性很强的指标,这一指标反映了企业自由资本的水平和积累报酬的水平。该指标不受行业的限制,具有很强的通用性,适用于很多不同的行业。如果净资产的收益处于较高的水平,那么我们就可以认定,资本在企业中产生了较好的运营效益,这样一来债权人有了足够的保障,投资者也就有了足够的保障。由此可见,净资产收益率在企业效绩评价中处于核心地位。

　　净资产收益率作为企业资本效益的最终反映，是企业偿债能力、营运能力和获利能力综合作用的结果。因此，要想对所有者权益的盈利状况作出客观、合理的评价，还需要对各方面的影响因素进行深入分析。

　　每股收益是一个比率，反映的是企业的净收益将优先股股利扣除之后，比上在外流通普通股的加权平均数，从而产生一定的比率，是对普通股收益的反映。在对上市公司进行衡量的时候，通常会选择这一指标，反映上市公司的获利能力的情况。该指标具有引导投资、增加市场评价功能、简化财务指标体系的作用。

　　要想对上市公司进行恰当、合理的评价，基本和核心的指标就是每股收益，它反映了企业的获利能力，决定了股东的收益质量。每股收益分为简单资本结构和复杂资本结构两方面，这里仅从简单结构展开对每股收益的分析。

　　与每股收益一样受到投资者普遍关注的另一个指标是市盈率。市盈率是普通股每股的市价与收益相比形成的比值，这一比值是对投资者愿意对每股收益支付多少价格的体现，可以用来判断本企业股票与其他企业股票相比的潜在价值，是上市公司市场表现中最重要的指标之一。

　　市盈率是一项常用的指标，反映的是某一种股票在投资时展示出来的价值和风险情况，通常市场用这一指标来表示对各大企业的期望，如果市盈率处于较高的水平，那么在盈余品质这一方面，投资者比较相信企业，并且认为企业在将来可能会有更高的盈余。

　　通常情况下，各大企业都会有股票流通，如果股票有着较高的市盈率，就说明投资者认为企业是值得投资的，就算是有一定风险，投资者也是愿意承担的；如果市盈率较低，那么投资者就很难受到吸引。

　　市盈率越高，并不能表示质量越好。当公司总资产报酬率很低时，每股收益可能接近于零，虽然以每股收益为分母的市盈率很高，但这并不意味着该公司具有良好的盈余品质和发展前景。另外，当资本市场不健全、交易失常或有操纵市场现象时，股票价格可能与公司盈利水平脱节，从而产生假象，使得市盈率难以真正达到评价企业盈利能力的目的。因此，以市盈率评价企业盈利能力主要应看其变动的原因及其趋势，并结合其他指标综合考虑。

二、现代企业财务效率分析对企业财务经理的要求

(一)企业财务经理管理工作

我国市场经济起步较晚,其发展并没有达到一个成熟的水平,有时候还会发生一些问题,如不正当竞争等,这就使得企业在各种管理活动、经营活动等的过程中,会出现一些阻碍。所以,在财务方面,作为财务经理,应当充分发挥自己的作用,鼓励团队,团结成员,积极开展财务工作。

首先,作为财务经理应当制定一套制度,使这套制度可以对财务起到管理的作用,同时要对国家以及地区的相关政策进行了解,包括税收方面、财政方面等,不断对财政政策进行完善。我们要知道国家的政策、制度会发生变化,企业在发展的过程当中也会出现变化,需要企业内部不断对财务管理制度进行完善,在完善的过程中要有针对性,使制度可以得到细致的完善,这样企业就能与市场环境、国家政策相适应,促进企业的发展,提高企业的管理效率。

其次,作为财务经理要将内控流程建立起来,并且在建立的过程中,要尽量做到完善。现如今是信息技术高度发展的时代,各行各业都在互联网的推动下不断发展,企业之间的竞争越来越激烈。面对越来越多的机遇,企业要想抓住机会,不断发展,就必须要从内部进行严格的管理,不能只依靠单一的制度,内控流程的不断完善对于企业来说是非常有利的,可以促进企业的现代化发展。

再次,作为财务经理要筹划好企业的税收,经营成本中包含税费这一项内容,这对企业的造成了压力,同时也对企业产生了一定的限制。税收筹划要建立在国家的法律和法规的基础上,以此为依据进行科学、合理的筹划,从而促进企业最大化地得到收益。

最后,财务经理必须要起到一定的监督作用,在平常的财务工作中,要发挥监督作用,从而保障工作可以有条不紊地运行。财务工作覆盖的范围是非常广的,几乎每一个方面都会涉及财务工作,财务经理就需要进行监督,对各种财务报表进行审核,对审计工作等进行相应的协调等,使企业的资源可以得到充分的利用,促进企业的健康发展。除了上述工作,财务经理还要不断提高自身的能力,从而更好地对财务工作进行管理,使企业得到不断发展。

(二)财务经理人的能力素质要求

在企业中,财务经理人是非常重要的一个职位。如果一个企业的财务经理人拥有较高的综合素质,那么这个企业在竞争中就会显现出很大的优势。随着时代的不断变化,我国也在不断地发展,在社会经济方面同样也取得了很大的进步,这就直接导致了财务经理人的素质要更高,才能符合社会的要求,促进企业的进步。新时代制定企业财务制度的财务经理人必须要有丰富的经验,能够提出自己的意见和建议,在沟通方面有良好的能力,同时能够承担责任。如果企业没有完成业绩,财务经理人就需要承担相应的责任。财务经理人必须要能够进行创新。面对环境复杂的变化,财务经理人要运用创新能力来对企业进行管理,使企业的资源得到充分利用,对企业未来的发展进行科学的规划,使企业可以与外部环境相适应,促进企业的发展。

(三)增强企业财务经理管理意识和提高资金管理效率的措施

1. 完善企业财务管理模式

财务经理在财务管理的时候,需要加强自身的意识,提高自己的能力,不断地完善财务系统,进行科学的财务预算,对资金进行合理的安排,保障企业现有资产充分流动,促进企业的发展。在对企业的资金进行规划的时候,要注意协调处理,集中地管理资金,集中地利用资产,尽量避免因为不集中分配资金而出现其他问题。

无论是哪个部门的财务工作,成本划分都是财务管理的基础。在不同的生产环节,通过资金预算可以对资金的流出量进行一定的了解,通过这一数据可以对其进行控制,使其尽量保持在成本切块水平之内,对资金进行完美地把控,精确地把握时间,避免资金在不合理的时间流出。同时,财务经理还需要对企业的生产计划有详细了解,通过这一情况来分析资金流动的情况,然后进行相应的测算,从而对资金进行更合理的安排。

2. 提升企业采购、生产和库存资金使用效率

财务经理要对采购资金进行相应的监管,首先需要确定企业有多少采购资金可以用来支配,这些储备的资金在企业周转运行的过程中会产生怎样的影响。在实际的工作当中,财务经理需要更加深入地对资金进行管理,在选择采购商的时

候要注意挑选，选择最合适的，并且不要盲目地采购，要根据实际的情况采购，还要考虑企业多长时间才会进一次货，合理地安排采购资金储备。不仅如此，生产和物流也应该包括在财务管理的工作范围内，尽量减少不必要的成本损耗，达到节约成本的目的。还要对物流进行相应的管控、管理，使得物流形成一套完整的模式，让资金成本和时间成本都能得到节约。还要定期审查仓库的状况，对于过期或者质量出现问题的产品要及时处理，充分利用沉淀资金。

3. 企业财务经理要加强现金的收支管理力度

财务经理要保障企业财务的安全，收支状况、资金信息等各项内容都在安全的状态中，这些重要的信息都要严格的保密，不能将这些信息提供给其他单位。相关的印鉴管理也要谨慎，出纳人员管理财务的印章，会计工作者则保管会计私章、法人章，如果遇到工作繁忙而无法管理印鉴的情况，则可以将印鉴委托给其他人。财务经理要记得核查账目，对往来的账目都进行审查。

根据合同，要确定付款采用何种方式，并且按照实际的项目在银行账户中输入账目，还要定期审查这些账目。当支付的方式确定了之后，就要按照这种方式将资金投入其中，金额不能随意更改，在没有委托书和批准的条件下，收款方是不能随便变动的，也不能通过白条支付来进行交易。

企业的现金收支状况要经常清算，通常是每日处理一次，每月还要处理一次，账面上和实际库存的金额要保持一致且在利用库存资金的时候，还应该注意不能超出规定的限额。财务经理还要进行财务监督，根据企业制度对财务工作进行处理，根据相应的财务目标工作处理。

三、现代企业财务效率分析中的发展能力分析

（一）发展能力分析的目的与内容

1. 发展能力分析的目的

企业在生产活动和经营活动中会呈现出一定的发展趋势，企业在未来发展的潜能就是企业的发展能力。企业有许多的经营活动，在多次的活动中，企业不断地积累，扩大自身的经验储备。在这个过程中，企业逐渐形成了自己的发展能力。企业只有在活动中不断销售，增加自身的收入，不断地将资金投入进去，扩大生产，不断发展，源源不断地产生利润，形成自身的发展能力。从结果看，一个发

展能力强的企业，能够不断为股东创造财富，增加企业价值。

很多因素都对企业的发展产生了一些影响，这些因素主要包括外部的环境和企业内部的一些条件等。财务分析如果按照传统的方式进行，只会关注一些静态的因素与最终的成果，忽视了一个非常重要的问题，即企业的发展能力如何。市场是不断发展的，企业要想在竞争激烈的市场中立于不败之地，需要重视自身的发展能力。企业如果只停留于现状，就会被市场所抛弃。只有重视企业的发展能力，了解企业的潜能，了解企业发展的情况，才能对企业的发展趋势有所把握，对企业进行未来的规划，实现企业的可持续发展。

对企业的发展能力进行评价，可以促进企业的发展。经营者会关注企业的持续性发展，如果各大企业都能重视自身的发展能力，从整体上来看，全国的国民总量就是在一个不断上升的过程中。

为了了解企业的情况，比较和竞争对手之间的差距，对对手的未来走势进行预测，分析发展能力是非常有必要的，无论是对自身，还是对对手，都是可以进行发展能力分析。

投资者最关心的问题是企业的投资回报处于一个什么样的水平，主要分析的方面包括收益、股利和股票价值等。

债权人也会分析企业的发展能力，从而对企业的资产、存货等进行相应的了解，知道其未来在资金方面的水平如何。

2. 发展能力分析的内容

企业的成长受到多方面因素的影响，这些因素主要包括人力资源、政策和财务情况等，过去的一些行为会影响企业当前的财务状况，其他的因素则会对企业的未来财务状况产生影响，如果这些因素得到了改善，企业在未来的财务状况也会得到改善。企业的经营能力、人力资源等各方面都可以通过财务状况的指标反映出来；同时，企业在市场中所占的份额、收入状况等情况都可以反映出来。所以，企业的发展能力可以从财务状况这一角度进行分析，其内容主要包括以下两个方面：

（1）企业单项发展能力的分析

企业价值要获得增长，就必须依赖所有者权益、收益、销售收入和资产等方面的不断增长。

(2)企业整体发展能力的分析

企业要获得可持续发展,就必须在所有者权益、收益、销售收入和资产等方面谋求协调发展。

通过观察财务状况,可以对企业的发展能力进行判断,也要注意竞争能力、盈利质量等方面对企业产生的影响,不应该忽视对这几方面问题的关注。如果企业没有竞争力,那么很少有人会相信它会拥有良好的发展能力。

(二)评价企业发展能力的主要因素

一个企业的发展能力强弱,可从下面两个方面评价:

1. 盈利质量方面评价企业的发展能力

(1)盈利质量与未来业绩

从业绩这一角度来理解盈利质量,它指的是评价公司业绩和收益这二者的相关性。盈利质量能反映企业的业绩,无论是过去、现在,还是未来;如果过去、现在和未来的业绩都没有被反映出来,则说明盈利质量处于一个较低的状态。在上述的业绩中,可以通过未来的业绩来对企业发展能力如何作出判断。

(2)盈利质量与发展能力

如果一个企业在盈利质量方面处于一个较高的状态,其会计政策必然是稳健、持续的,在计量企业财务相关状况的时候,必然会非常谨慎,不会随意计量;公司的盈利是由经常性的与公司基本业务的交易带来的,不是一次性的,并且公司所依赖的业务有较好的发展前景;会计上反映的利润可以快速转为现金;盈利保持了一定的趋势,这种趋势可以预测,保持在一个稳定的状态;企业资产的周转和运转的情况保持在了一个较好的水平。

通过以上几点,我们可以看出,如果企业盈利质量处于较高的水平,则其发展能力肯定也会处于一个相当高的水平;如果企业盈利质量处于较低的水平,则发展能力肯定也会处于一个较低的水平。

2. 竞争能力方面评价企业发展能力

(1)企业竞争能力概念

与竞争对手相比,企业产品在价格、交货期、服务等方面是否更胜一筹,反映了其竞争能力。现如今,我国的市场经济在飞速发展,企业之间的竞争越来越激烈，要想在众多的对手中脱颖而出，就必须要对企业的竞争能力进行分析，从而使企业发展能力得到提升。

（2）企业竞争能力分析

市场中产品占有的份额可以反映企业的竞争能力，所以通过对产品在市场上占有多少比重或者份额等分析，可以判断出企业的竞争能力处于一个什么样的水平。

①分析产品在市场上占有的比重，也就是市场占有率。通过这一指标，我们可以看到在一定的范围、时间内，企业生产的产品在市场上达到了多少销售量，其在所有同类产品中占了多少比重。

通常企业会将竞争对手和自身的情况进行对比，比较二者在市场占有率方面的差距，看双方的优势到底体现在什么地方，并且寻找造成差距的原因，具有优势的原因。很多因素都会对市场占有率造成影响，如产品自身的规模和竞争优势、竞争对手企业的规模和实力等。

②分析产品在市场上达到了多少覆盖率，这一指标同样可以反映产品在市场上的占有状况。这一比率的具体指的是企业的产品和同类、同种产品的行销地区之间的比值。

企业的竞争力可以通过市场覆盖率来判断，在判断的过程中同样需要和竞争对手做比较，只有这样才能更加深入地思考，对手企业为什么会在行销地区数量上产生优势，了解企业现有的行销地区现状如何，并且还可以研究开发更多的行销地区。

（3）产品竞争能力分析

①分析产品的竞争能力就要对其质量进行研究。一种产品要想在市场取得竞争优势，首先必须要保证质量是上乘的，如果一种产品没有在质量上取得优势，那么该产品就很难在市场上有竞争力。要想提高企业在市场上的竞争力，使企业在激烈的竞争中脱颖而出，就必须要从产品的质量上下功夫，否则产品的质量得不到提高，消费者就会对产品甚至企业留下非常不好的印象，不仅消费者的利益受到损害，企业的信誉也会直接降到谷底，更不要提企业的竞争力和未来发展了。

产品质量包含很多因素，外观、色泽、重量、精度、性能、化学成分等也属于产品质量的范畴。由此可见,无论是外在的特征,还是内部的特性,都是产品质量的一部分。人们购买产品重视的无非就是性能、安全性、外观等特征,国家针对这些特征,制定了一系列的产品质量标准,如果产品质量指标达到这一标准,就说明该产品是合格的。通过进一步和竞争对手的产品质量对比,用用户的要求来衡量产品质量,我们就会对产品的质量有更加深入、客观的认识,从而客观地评价企业产品是否具有竞争优势。

②分析产品的竞争能力还要从品种这一方面来考虑,因为现在是快速发展的时代,市场不断变化,技术不断进步,几乎每天都在发生着各种各样的变化。所以,为了顺应时代,和当前人们的生活需要相匹配,企业必须要对老产品进行改进,同时开发新产品,调整产品的结构,从而使企业在市场上保持自身的竞争力。

对于产品的品种,应当从两方面来对其进行考虑,分别是品种在市场上的占有率以及开发新产品。

在市场上,某产品品种在该产品全部品种中所占销售的比率就是该产品的品种占有率。品种占有率高,企业在市场竞争中就会越有优势。

企业在新产品开发时,需要注意一些问题,首先,对新产品的产值比重进行计算,也就是要计算出其在总产值中的比重是多少;其次,计算新产品售出的价值,在某一市场范围内出售该新产品全部价值中所占比重,从而对新产品的地位进行判断和考量。

③分析产品的竞争能力可以从其成本和价格的方面来考虑。目前,我国的购买力并没有达到很高的水平。对于很多消费者来说,物美价廉是一个非常重要的条件。所以,企业不仅要对产品的质量进行考虑,还要重视消费者对于产品价格的实际承受水平。在竞争中,价格是非常重要的一个因素,因为消费者想要物美价廉的产品。如果抓住了消费者,企业的产品自然会有竞争力。因为价值有一定的规律,所以企业要灵活运用这一规律,定价不能过于死板,要灵活一些,从而使得产品更适应市场,在市场中逐渐提高自己的竞争力,促进企业的发展。

价格的基础是成本,如果成本高于产品的售价,就说明企业是亏本的;反之,则是盈利的。成本对于企业的产品竞争力也是具有一定的影响的,如果成本保持在一个较低的水平,那么产品在进行定价的时候,就有较大的余地升价或者降价,在市场竞争中企业就会获得较大的优势。因此，成本和价格的因素是非常重要的，企业需要和竞争对手进行对比，找到两者之间的差距，并找到产生差距的原因，从而解决问题，想办法降低成本，提高企业的价格竞争力。

④分析产品的竞争能力可以从销售时的服务水平来考虑。在销售的时候，一个好的服务会对产品销售产生积极的影响，消费者心中也会对企业的信誉和形象加分。由此可见，要想使企业在市场中保持竞争力，就要重视其服务质量的提升。

通过销售服务，企业和消费者之间产生了联系。企业要想吸引消费者，在市场上占领更多的份额，保持自身的竞争优势，可以通过强化服务的方式，不仅要在销售之前为客户提供相应的咨询服务，在完成销售之后，还要对产品的维修、安装、保养、护理等工作提供相应的服务。

分析销售服务就是分析一个已经定性了的因素。需要分析和研究的对象主要包括以下几个方面：服务质量、用户要求、用户满意度、企业技术对服务的支持程度等。

（4）企业竞争策略分析

企业要想保持自己在市场上的竞争力，需要制定具体的竞争策略，只有在竞争策略合理、科学的基础上，才能使企业保持自己的优势，在激烈的市场竞争中脱颖而出。竞争策略的制定既要考虑市场的情况，也要考虑竞争对手采取什么样的策略，然后根据具体的情况对策略进行完善。

第三节 基于价值链的现代企业财务分析

一、价值链定义及其管理

（一）价值链的定义

价值链这一概念是由迈克尔·波特（Michael E.porter）于1985年提出的。这一理论认为企业的生产、经营活动是创造价值的一个过程。在这个过程中，许多生产活动、经营活动被连接在一起，它们本身是不同的，但是又存在一些联系。

它们的连接使一个动态的过程得以形成，并且在这个过程中进行价值创造，这就是价值链。在企业管理中，价值链这种管理方法是非常先进的，企业统一地控制和协调资金流、信息流、物流等各方面的内容，不断对流程进行优化设置，使企业可以在成本上得以降低，促进企业发展，在市场上企业自身的优势。

（二）现代价值链逻辑的变化

价值链如果从传统逻辑上考虑的话，那么其开始就是核心能力、资产这些方面，从现代意义上考虑价值链的逻辑，用户则成为被重视的对象，企业和用户之间的联系更加受到重视。用户是基础，有了用户，企业才能进行价值的创造，并且双方共同创造价值。在创造价值的时候，用户及其需求是中心，其体验感是应该重视的部分，通过对用户需求的了解和认识，企业会对自身的核心能力进行重视，从而逐渐使自身与现代社会相适应，也使得自身的发展变得更加网络化。现如今，企业之间存在着激烈的竞争，这种竞争并不是某一方面的单一竞争，也不是对企业生产经营的某一个环节的竞争，竞争是发生在价值链中的竞争，是企业的竞争力如何通过价值链反映的。价值链对于企业的成功至关重要，很多成功的企业都将价值链渗透各个环节，并且和其他企业进行了绑定。价值链只有共享，才能发挥应有的价值。

（三）价值链管理

管理价值链的主要目标是使价值链战略可以顺利进行，战略的目的是让客户的需求得到满足，并且不断发展，产品超越客户的期望，使整个价值链形成完美的整合。价值链就像是团队一样，好的价值链会让成员努力、团结地工作，从而将更好的服务和信息提供给客户。价值链就要求对各项资源进行协调处理，形成统筹，使得企业的工作形成一个整体，各项流程都能实现一体化。通过价值链，企业的各项业务流程得到优化，成本降低，突出企业的优势，在市场上保持了自身的竞争力。通过价值链，成本管理得到更好的发展，无论是对象、视野，还是战略高度，都得到了丰富、开阔和提升，这对于企业的发展是有利的，企业和其他各环节对象的联系也更加紧密。企业通过一系列的优化工作，可以尽量降低成本，获得利润，促进自身发展，保持自身的优势，提升自己的竞争力。

二、价值链视角下的财务分析

(一) 基于价值链的财务分析内容

1. 基于价值链的财务分析目的

首先,企业内部从价值链的视角展开财务分析,可以对相关的流程进行优化,不增值作业会被消除,降低增值作业成本。其次,基于价值链的角度来进行财务的纵向分析,可以使得价值增值得到确定,客户和供应商都可以对到底是要加入某一环节,还是要退出某一环节进行相应的抉择。最后,基于价值链的角度来进行财务的横向分析,可以构建同行业的价值链,这种价值链会促使企业盈利增加。

2. 基于价值链的财务分析对象

现代企业并不是由一个单一的利益主体构成的,而是由多元化的多方利益相关者组成,债权人、员工、供货商、客户等都是企业的利益相关者,他们共同协作,使现代企业构成一个完整的整体。财务报表又将更多的对象包含进来,众多的报表使用者都成为其服务的对象。这也就面临着一个问题,并不是所有的报表使用者的要求都能得到满足。价值链的参与使财务报表的信息得到延伸与扩展。

由此,从价值链的角度来进行财务分析,并不是对传统方式的完全否定,这种方式会对传统财务分析存在的不足进行改善,从而使财务分析更加深入,更加准确。

3. 基于价值链的财务分析要点

(1) 财务预算

在财务工作中,一项非常重要的工作就是财务预算。传统的财务预算会面临不准确的问题,价值链则对这些缺点进行了规避,数据共享这一项操作使得财务数据更加真实,在预算分析的时候,也可以尽量避免一些错误,准确率、效率都得到了保障。

(2) 财务分析

在财务工作的过程中,财务分析是一项非常重要的工作,这是因为通过财务分析得到的数据会对企业的各项决策起到支持的作用。从价值链的角度来对财务进行分析,可以使各个环节的财务状况都清晰、明了,并且使财务分析工作变得更加科学、合理。企业的管理者通过财务分析的具体数据可以对公司的运营进行更好地了解。

（3）财务管理

财务工作中非常重要的一项内容就是财务管理，通过财务管理可以更好地控制财务工作。通过价值链来管理，需要将信息技术引入财务工作中，实现网络化的管理，使工作效率更高，促进财务管理更加准确、高效地进行。

（二）基于价值链的财务分析的必要性

1. 传统财务分析存在部分局限性

（1）对财务分析的作用认识不足

现在很多企业管理者虽然非常重视企业产品的研发、生产和销售，但是财务分析并没有引起他们的重视。在管理企业的过程中，他们并没有将财务管理看作一种手段和方法，也不了解通过财务分析，企业会得到什么样的好处。财务分析工作并不是要对企业进行严格的管理，这不是财务分析工作的目的，其主要是为了领导企业中相关的部门，因为他们对财务分析有需求。传统模式的财务分析只是单纯注重结果，企业在未来的发展则没有得到重视，企业的潜力、产品的价值提升都没有得到相应的重视，限制了企业的发展。

（2）传统财务分析不注重企业的内部和外部关联

财务分析如果按照传统的方法来进行，就会发现企业外部和内部的联系是被割裂的。现如今，企业外部和内部是紧密联系在一起的，是不可以分开的。财务分析如果按照传统的方法来进行，就会发现很多信息都得不到对接，只能单一的获得信息，导致企业无法作出全面的决策，这对于企业的长远发展是非常不利的。

（3）传统的企业财务报表分析存在局限性

财务分析如果按照传统的方法来进行，虽然是可行的，但是其弊端之多，会对企业的发展造成阻碍。首先，单一的数据成了真理，却没有重视数据之间的变化和联系，就算产生了分析的结果，也都是短视的。其次，传统的分析只是在分析比率，数据并不是可靠、有效的。

2. 价值链管理在财务分析结合中的积极性

随着企业的发展，拥有了越来越多的经营活动和管理活动，并且这些活动也呈现出复杂化和多样化的趋势，促使人们对财务工作有了更高的要求。传统的分析，将财务报表作为依据，定量评价数据，对于各项经营活动、生产活动等并没有进行定性评价，很难对企业的状况进行改善。所以我们必须要对财务分析进行改进，通过不同的方法对数据进行计算和分析，从而使各项信息都能得到充分利用。用价值链管理来进行财务分析，具有非常重大的意义，具体包含以下内容：

（1）客观评价企业价值的有效方法

传统财务分析只关注了一些静态指标，并没有全面地考虑，加入价值链就会使其对财务指标的衡量形成体系，突破传统方法的局限性，在评价企业价值的时候，其结果会更加客观。

（2）完善财务分析方法的有效途径

在财务分析中运用价值链是一种创新，也使财务分析的范围得到了扩大。利用价值链，每个环节都可以通过财务指标对企业价值进行反映。我们可以看到其是否发生了变动，变动的具体情况是怎么样的。价值链有着相对成熟的一套理论，分析方法也是有逻辑的，并且是非常缜密的，在财务分析的时候可以有着更加清晰的思路，从而促进财务分析工作的不断进步。

（3）提高企业内部管理水平的客观需要

企业的生产活动和经营活动都是非常复杂的，各种经济关系都牵扯其中，所以在财务分析时，应当对价值链进行充分利用，对其展开相应的分析，找到企业为什么没有在经营活动中取得优势，并且找到相应的解决措施，改善企业经营状况，促进企业发展，提高企业的竞争力。

（三）基于价值链下的企业财务分析相关建议

1. 优化财务管理模式

在财务工作中，价值链的理念产生了非常大的影响。通过价值链模式，财务部门和其他部门之间相互交流，使财务信息得到流通，提高工作的效率。在价值链的模式下，为了让管理层对企业的情况更加了解，需要对财务管理的模式进行相应的处理，促使其得到优化，使得各部门更加协调，在决策的时候，可以更加合理的进行。企业要促进财务分析融入经营管理之中，对价值链的作用进行充分的发挥，使财务工作可以更加全面地进行，并且形成一种动态化的工作方式。价值链的方式会使财务工作进行得更加顺利、有效，促进企业的发展。

2. 促进内外价值链连接

现在市场经济发展得越来越快，市场环境也随之不断发生变化，这不仅对企业的生存和发展带来挑战，同样也带来了机遇。随着价值链理念在企业中逐渐深入，各部门有了更多的机会进行沟通和交流，这对于信息共享来说，是非常有利的。站在企业的立场上，价值链包括外部和内部两种价值链，要将其紧密的结合，促进管理工作的进行，无论是外部的预算分析工作，还是内部的成本管理工作，在价值链这一模式下都能合理进行，从而使得财务工作进行得更加顺利。

3. 实现财务信息化管理

在现在的市场竞争中，信息化已经成为非常重要的手段，在企业的管理当中，需要新兴技术的加入，只有当企业的管理形成价值链，并且通过这种模式管理，使得复杂和烦琐的工作实现系统的管理。同时，信息技术对于工作效率的提升有着很大的帮助，通过对外部信息等一系列相关信息的了解，我们可以在财务工作中加强管理，从而使工作质量得到保障，跟上时代和环境变化的脚步。很多规模比较小的企业在进行财务分析时，都会采取能够分析企业经营的软件，这样可以对一些问题进行处理，充分体现其人性化，展现智能化设计。由此，对信息技术手段展开充分的利用是非常有必要的。技术的运用可以使企业财务得到更有效的管理，对于一些规模并不是很大的企业来说，这种方式有着很大的优势，对于其发展是相当有利的，对于其在市场上的发展也起到了促进作用。

4. 完善财务分析管理体系

企业财务管理在价值链这一理念的指导之下，人们可以更加深入地改革，节省大量的人力，同时还能更有效的监督，在很大程度上提升了管理的效率，对于企业的运行起到了促进的作用。财务分析如果可以采用价值链这一模式，那么员工的利益将和企业挂钩。为了自身得到更高的利益，企业也势必会努力发展，不断加强员工和企业之间的利益关联，二者之间的联系变得更加紧密。为了更好地进行价值链管理，财务分析工作要以人为本，具体主要包括以下两个方面的内容：

（1）财务工作者需要不断提升自身的能力，这就要求企业经常对财务工作者进行培训，提升其自身的素养，从而能够从容应对越来越多元、越来越复杂的工作内容。

（2）要加强团队意识的培养，使职工的力量可以得到集中发挥，促进企业的发展，增强凝聚力，让员工拧成一股绳，共同发挥自身的力量和才能，从而为企业的运营和发展贡献力量，这对于企业的发展来说是非常重要的一个方面。企业可以将自己的企业文化构建起来，开展各种活动，培养员工的团队意识，使员工在各种活动中更加团结，增强团队的凝聚力。企业可以提高员工的薪资待遇，使得员工产生对企业的向心力。

三、价值链财务分析模式的构建

（一）基于企业内部价值链的财务分析模式的构建

1. 基于企业内部价值链的财务分析的过程

企业内部包含多个组织，这些组织之间存在着内部的企业价值链，这种在内部构建起来的价值链对于企业的发展来说意义十分重大，通过价值链进行财务管理，可以将企业的优势充分的展现。只有这样，企业在开展经营活动的时候，才能更加具有竞争的优势。通过价值链，企业的资源得到整合，人们可以通过不同的方式来创造价值，让业务实现拓展，人员、资产等得到更好的管理。其他活动可以辅助业务的拓展，但其根本仍旧是创造价值。在财务分析的时候，采取内部价值链的方式可以对企业的状况更加了解，明确企业的优势，就算是对于企业中的一些小部门也可以更加了解，知道其具体为企业创造了多少价值。所以，从价值链这一角度考虑，企业在财务分析的过程中，对生产的过程更加重视。如果是传统的方式，企业的会计分析则对结果更加地重视。

2. 基于企业内部价值链的战略成本管理

从价值链这一视角分析，成本管理从传统向战略的发展并不是一蹴而就的，需要经过很多阶段的。首先，企业的成本、管理策略等都需要审视和检查，只有对各个生产环节都关注，对这个阶段都重视和管理，才能促进提升企业的价值。其次，对成本进行管理，其基本的管理范围必须要确认，无论是采购的成本，还是经营活动中的服务成本，都需要关注。最后，成本管理还需要进行扩展，企业的内外管理要进行加强，外部环境的管理需要得到重视，让各个环节的主体形成更紧密的联系。

(二）基于产业纵向价值链的财务分析模式的构建

1. 基于产业纵向价值链的财务分析的过程

企业在利用价值链的过程中，需要注意的是很多的内容都被包含在其中，这就要求我们要重视各个环节，无论是生产环节，还是销售环节，甚至是从原材料选择这一环节开始，就已经开始对价值链的构建。从纵向上来看，企业的上下游之间的联系成为一个非常重要的部分，企业被看作一个整体，良性关系成为企业生产经营活动中非常重要的一个方面。对于企业来说，只有优化价值链，不断对其进行整合，将上游和下游的关系，即供货商、零售商等之间的关系联系起来，让生产经营活动形成体系，从而促使企业充分发挥自身的优势，从根本上降低成本，对资源进行整体的整合。

2. 基于产业纵向价值链的战略成本管理

从纵向来看，利用价值链进行分析和管理，使成本等得到控制，不仅是一项十分重要的工具，还是相当重要的手段。财务分析如果通过内部价值链来进行，就必须要加强对战略成本的管理。对各个环节管理的加强，需要对相关的模式进行转变，只有这样才能使财务分析进行更加顺利，通过内部价值链，才能对企业的状况更加了解。只有顾客、企业等关系建立起来，从根本上进行成本管理，才能使财务分析更有意义，分析的结果才会更加准确、更具意义。

(三）基于竞争者横向价值链的财务分析模式的构建

1. 基于竞争者横向价值链的财务分析的过程

财务分析如果从横向来看，就需要对竞争对手的情况进行了解，通过了解竞争对手的资源、价值，与自身对比，找到自身的优势，明确自身在竞争中优于竞争对手的地方，整合自身资源，制定相关战略，让企业可以作出更正确的决策，促进企业发展。在制定相关的竞争战略的时候，强调管理、成本等的优先地位。除此之外，产品性能的优先地位也应得到强调，这对于企业的发展是具有促进作用的。在分析企业核心力的过程中，企业的品牌、文化、技术、专利、制度等应该得到重视，只有从根本上提升这些软实力，才能使企业在竞争中展现出更大的优势。在市场中，只有通过各种营销的手段和方式，才能促进企业价值的提升。

2. 基于竞争者横向价值链的战略成本管理

财务分析如果从价值链这一角度来看，企业必须要对竞争对手进行充分了解，无论是价值链的相关评估，还是一系列的成本分析，必须要从原材料选择、销售方法、成本等多个方面对其监督，让企业对自身的优势和不足更充分的了解。在价值链这一层面，我们可以对财务分析产生的结果进行充分考虑，并将其应用于这一层面。企业在发展的过程中，可以将自身的竞争优势充分展现出来，促进企业的积极发展。如果对价值链进行横向的利用，那么我们可以对一系列相关的信息有充分了解，消费者、成本等信息都可以获得，这有助于企业掌握市场情况和竞争对手的情况，使企业在管理策略的制定上获得更多的经验。企业如果想要取得更好的发展，就必须要对价值链等相关的方面给予重视，认真研究和分析各种相关的财务信息，从而使得企业可以不断得到发展，在竞争激烈的市场中占有一席之地。

第四节 现代企业财务报表体系的构建

一、企业财务报表分析基础概述

（一）财务报表分析内容

在企业管理和经营的活动过程中，非常重要的一种形式就是财务报表，其可以反映利润的情况以及资金流动的相关问题。通过财务报表，很多无效的管理问题都可以得到避免。财务管理工作不仅能通过财务报表的形式进行财务分析，还能使财务管理不再盲目地进行。在企业中，财务报表主要包括三种，分别是利润分析、现金流量和资产负债等三种报表。通过这三种报表，我们可以了解财务报表中的内容。首先，企业应分析资金的利用情况、资金的效率等相关问题，没有资金企业就无法运行如果一个企业无法对资金进行管理，那么企业在开展活动的过程当中，就会产生一系列无法预估的事件，进而影响企业的发展。财务分析如果可以有效进行，则企业就会更加了解自身的情况，包括资金的使用情况、资金的利用情况等，根据这些信息对自身的战略进行调整，让策略更加符合企业自身的利益，实现高效经营。在分析财务报表的过程中，如果发现资金没有得到充分的利用，则需要对资金的链条进行填筑，使资金的利用更加规范和高效，避免浪费，得到充分的使用。其次，就是分析企业的获利情况，获利分布点是如何分布的也要有相应的了解，尽力实现利润的最大化，促进企业盈利，提高企业生产经营的效率，这是利用财务报表分析的好处，传统方式则没有这样的作用。因为很多问题得不到有效的解决，所以这对于企业来说是非常不利的。还有一点是要把握企业的报酬、投资等各种情况，企业是多种多样的，发展的方向不同，业务的范围也是不同的，其中有一点是所有企业都必须要重视的，那就是人才，只有有着充足的人才储备、合理的经营模式，只有不断对其优化，才能使企业不断得到发展，使其实现稳定发展。

（二）财务报表分析目的

通过分析财务报表，企业的管理、决策等层级可以实现对财务信息的了解，由此对经营的成果等一系列情况进行相应的总结，从而更好地把控企业的状况，预测企业未来的发展，掌握其发展的趋势。通过财务报表，企业可以对目前的客观经营状况有一个更好的认识。尤其是作为企业的相关利益各方，投资者能根据财务报表进行投资参考，决策者能根据财务报表作出正确的决策。分析财务报表能分析企业风险、债券等相关的情况。通过财务报表，企业的主管部门也会更加了解企业的情况，在决策的时候，可以更加科学，这样有了合理、科学的决策，对于企业的发展也是非常有利的。

（三）财务报表分析主要方法

分析财务报表并不是只有一种方法，在多种多样的方法中，每一种方法都具有自身的侧重点，在财务分析的时候，很多方法都能发挥独特的作用，展现出特殊性。只有选择合适的方法，才能使财务报表分析更加准确，发挥其本来的效用。下面我们将对财务报表主要的几种分析方法进行探究：首先，比较法，指的就是找到一个基准，然后在这个基准上进行相关的分析，将实际收集的数据与基准进行比较，找出二者之间的差异和不同，通过这个差异来判断企业的经营状况如何；其次，比率分析法，这种方法也与企业的经济和经营等有着密切的联系，必须要结合这两种情况来进行分析，确定好区间之后，计算其中的数据，得出比率数据；

最后，结构分析法，是对相关规律的反映，各项指标和总体指标按比例计算，最终得出指标的占比。

（四）企业财务报表分析在企业财务管理中的作用

1. 资产负债表分析作用

资产负债表包含了企业的负债情况、企业的资产情况等，通过对这一报表分析，可以对企业财务状况进行更深入的分析。

在资产负债表中，经营者可以看到相关的数据，企业管理者可以了解资本、资产，在对企业经营和管理的过程中，了解企业的情况。

企业的管理者只有充分掌握企业的资产情况，才能对经营的优势和风险等情况进行正确的评估，这是一个重要的方式，正确把握风险，了解风险的类型，认识风险会造成什么样的影响，然后再将其作为依据，对相关的措施进行调整和修改，让企业对自身的偿债能力有充分的把握。

通常情况下，企业只有把握自身的情况，才能全面准确地对自身的资产管理等进行相关判断，深入了解自身，改善内部的财务管理，实现有效投资。

只有对企业的偿债能力有一个清晰的认知，才能对投资和融资进行相应的掌握。在经营企业的过程中，领导层必须要把握企业的整体情况，只有这样才能科学地制定预算和决策。对于企业来说，融资是非常重要的经营手段，无论是生产还是各种活动，资金是企业发展的必需品。如果没有资金投入，则企业很难实现规模化的发展。通过分析资产负债表，企业可以对自己的财务状况更加了解，实现责权的明晰，在负债和资产方面实现更加有效地进行管理，从而避免一些风险，让企业的财务得到稳定的发展。

2. 利润表分析作用

分析利润表可以使企业对自己的收入更加了解，知道在某一段时间内的盈利状况如何。

企业利润表反映的是各类业务的营业收入，企业盈利情况通过利润表得到了充分的反馈，成本、获利都得到了展现，通过利润表企业也可以制订进一步的计划，只有做好规划，才能尽量避免不必要成本的产生。

利润表通常会反映数据变化，看出企业盈利的趋势，由此可以进行一系列的预判。了解财务管理的问题,并且准确把握企业的经济状况,如果某一方面出现问题,那么企业也可以对其进行相应环节的调整。

在管理财务的过程中,只有明确企业获利的情况,掌握企业的优势,知晓企业获利的能力,预测企业未来发展的趋势,才能有针对性地向预算倾斜。

3. 现金流量表作用分析

在企业的经营活动中,现金的各种变动,包括其流入和流出。通过现金流量表,企业能清晰地知道其变化的情况,同时更好把控现金的各项信息以及企业生产活动的各个环节。对于企业的经营者和管理来说,通过充足的现金信息,可以精准判断企业的发展状况,以把握生产经营活动中的各个环节,减少风险。

(五)企业财务报表分析的局限性

财务报表对于企业来说是非常重要的,财务报表的分析工作顺利完成,对于企业的健康发展来说是非常重要的。通过各种有价值的信息,企业可以进行科学、合理的决策。如果财务报表的相关分析工作没有做好,那么很多有价值的数据和信息就会被埋没,甚至还有可能出现错误数据,这对于企业来说是相当不利的。

1. 财务报表数据的有效性问题

企业在财务工作的时候,非常重要的方面就是数据的真实性,以及这些数据是否是可靠、有效的。在会计行业中,在进行具体工作的时候,非常容易出现失误,为了确保质量,势必会有很多问题的出现,人为因素等的干扰会使得财务报表质量堪忧,这对于企业的发展来说是非常不利的,很容易引起系列问题,导致最终出现许多无法解决或者难以解决的问题。

2. 数据信息量问题

财务报表的信息虽然主要是通过数据的形式展开的,但是数据是有限的方式,不可能完全地反映所有的信息,也正是因为这样,很多情况并不能从财务报表上看出来,尽管如此财务报表上有限的数据仍旧对企业的发展起到了相当重要的作用。需要注意的是,财务报表具有一定的局限性,会影响到企业的发展。

3. 财务人员综合素养问题

财务报表分析工作由财务工作者负责,财务人员如果素质高,其财务报表分析水平就会高一些,如果其素质有待提高,其财务报表分析的水平也不会很高,总而言之，必须提高财务工作者的综合素质，只有专业素养提高了，在分析财务报表的时候，才能更加科学合理，只有其道德素养提高了，财务分析的水平才会得到提升。这两个方面的素质如果没有达到要求，那么工作的质量就会受到影响。如果专业性和道德水平都不高的话，是无法胜任财务工作的。

企业拥有职业素养较高的财务工作者，其结果也会更加合理，素质不高就有可能管不住自己，为了自己的私欲，损害企业的利益。还有一些人员虽然并不是直接损害利益，但是其消极怠工，很多事情都潦草进行，这也会导致工作难以进行，浪费企业的资源，阻碍和损害企业的发展和企业的利益。

二、构建现代企业财务报表体系的方案

（一）现代企业财务报表体系的类别

通过对我国企业的考量，我们发现财务报表体系的实际情况主要包括两类，分别是内部的报表和对外的报表两种情况。

1. 企业内部财务报表

企业内部拥有财务的报表，主要内容是各种活动的会计信息，制定是非常灵活的，针对的是企业实际上运营的情况，在目标的确认上是相当灵活的。

2. 企业对外财务报表

企业对外财务报表，主要指的是将企业的财务状况报给国家或者其他的相关部门，让他们对企业的财务状况进行审核，这种总结性质的对外的报表是公开的。

3. 企业内部财务报表和对外财务报表的区别和联系

无论是内部报表还是对外报表，需要遵循的一个共同原则就是必须真实、可靠，其构建必须是为了企业服务，从更宏观的角度来看，财务报表承载了各种信息，对于国家和企业来说，其起到了促进作用。[①] 内外报表之间的区别就是二者之间一个是向内针对企业的，另一个是向外服务于国家和部门的；获取这两种形式的报表渠道也是不同的；两种财务报表之间的责任也是不同，对内的报表没有固定的规范，也不需要承担相关的法律责任，对外的则需要承担。

---

① 何妍.企业财务报表体系构建[J].财税研究，2015(22).

（二）企业在构建财务报表体系时存在的问题和困难

从企业的发展情况来看，各个领导对报表的重视都达到了一定程度，因为他们都意识到了企业要想生存与发展，必须要重视报表。根据企业的实际发展情况制定相应的报表体系，从而在发展的过程当中形成一定的规范，促进企业的发展。在报表体系构建的过程当中，仍旧有一些问题的存在，具体的问题主要包括以下几个方面：

1. 报表重复现象严重

通过对市场的观察和了解，我们发现，很多企业虽然都在不断拓展自己的规模，企业的部门十分明晰，部门都会向上级递交报表，但是由于企业内部的报表并没有一个严格的规范，所以在逐级递交的过程中就非常容易出现一个问题，即同样的内容采用了不同的方式呈交，导致内容出现重复，冗杂的内容占据了其他信息的位置，很多的时间都被浪费在分析重复信息上面，这对于企业的发展是不利的，影响了企业的进步。

2. 财务体系缺乏客观性和及时性

企业发展离不开财务报表，一个科学的体系对于企业的运行是相当重要的，科学合理的体系会反映财务的状况。因为各种因素，财务报表可能会出现不准确的现象，就无法准确反映企业状况；财务报表不及时，也可能无法客观反映企业当时的运行状况，影响企业的财务管理工作，对于企业来说是不利的，阻碍了企业的发展，限制了企业的进步。

3. 审计力度不深入

个别财务工作人员素质有待提升，职业道德感不强，为了个人的私欲，在报表中增加虚假信息。如果企业没有严格的审计制度，审计的力度也十分有限，那么这些虚假的信息就不会得到辨别。管理者看到的就是虚假的信息，很可能作出错误的决策，对企业的未来发展造成不利的影响。

（三）企业构建财务报表体系的现实意义

财务报表体系的种类和概念等都已经在上文中进行了大致的概述，很多问题都有着相应的解决措施。对于企业来说，报表体系是非常重要的，甚至可以说是企业的发展和运营的关键。如果财务报表体系是科学合理的，管理者就会看到真实、有效的信息，对企业的现金、资产等情况有所了解，从而归纳信息、总结信息，为企业的发展制定合理的规划，符合企业的实际情况，避免经济上的损失，促进企业发展。同时，国家和部门就能更好地对企业进行了解，从而掌握其发展的趋势和动态，制定科学的政策，不仅对于企业的发展是有利的，对于国家和社会来说也是有利的。

（四）构建财务报表体系的可行性措施

1. 提高相关工作人员的综合素质

有了人才能把相关的工作落到实处，解决问题，所以必须要将工作人员的素质作为工作重点，不断对其进行培新，更新观念，使其养成终身学习的观念。在专业方面，要不断自我提升，挑战自我，面对风险可以游刃有余地应对。在道德素养方面，要不断提高自己，避免因为一时的私欲而作出伤害企业的事情。

2. 增强创新的意识

在财务报表工作的过程中，员工拥有一定的创新意识，在工作的质量和效率上就会得到提高，并且还能添加更多新的想法，这对于企业来说是非常有利的，企业可以获得新的创意和能量，从而形成了自己的竞争力。要想做到这一点，工作人员需要学习其他公司的优点，根据实际情况有选择地吸取其精华的部分，学习先进的技能，不断完善自家企业的财务体系，不断创新，不断发展，从而使得企业得到发展。

3. 完善相关的制度规范

财务报表体系要想顺利运行，非常重要的一个环节就是制度的完善，有了完善的制度，才能使得财务报表更加规范，一旦产生什么问题，也有依据能够提供保障。企业只有不断完善制度，才能使得自身的目标与国家和社会的发展相贴合。不仅如此，企业还要密切关注市场和社会，根据时代的发展，不断地调整自身的制度，对相关的制度和体系进行监督，让工作人员更加热情、积极地投入工作，为企业的发展作出保障。

4. 建立与完善实时的财务报告系统

我们都知道，企业将财务报表体系构建起来是为了更好地总结与分析企业中的工作，以及通过财务报表体系对相关的工作进行预测，这对于企业的发展是十分有利的。完善的体系可以使信息披露得更快,体现出时效性。在数据库中,企业可以将信息储存在其中,在利用信息和数据的时候就更加方便,使得工作效率得以提升。

5.加强审计力度

一个企业很难拥有毫无漏洞的制度,财务报表体系也不可能从一开始就是非常健全的,很多主观因素、客观因素以及其他各方面的因素都容易造成不必要的损失,审计则会对这些缺陷进行弥补。也就是说,只有加强审计力度,严格审计,才能尽量避免损失。对于相关的人员来说,在工作的过程中,必须要加强自身的责任意识。最好是建立一个审计部门,专门监督,对信息进行及时的检查,保证信息的准确性,避免数据出现不真实的情况,尽最大可能保证信息的真实可靠,促进企业的发展。

参考文献

[1] 潘栋梁，于新茹.大数据时代下的财务管理分析[M].长春：东北师范大学出版社，2017.

[2] 路艳红.财务报表分析与财务管理创新发展[M].沈阳：辽宁科学技术出版社有限责任公司，2022.

[3] 魏素艳.21世纪经济管理类创新教材 企业财务分析（第3版）[M].北京：清华大学出版社，2022.

[4] 徐珏，龙菊梅.财务管理与分析[M].北京：国家开放大学出版社，2021.

[5] 郑宇梅，孙金刚，宋春梅.应用型本科财务管理专业人才培养模式研究[M].长春：吉林科学技术出版社，2019.

[6] 耿丽君.财务分析与决策研究[M].长春：吉林出版集团股份有限公司，2019.

[7] 李克红.创新创业财务管理人才培养模式研究[M].北京：首都经济贸易大学出版社，2020.

[8] 李强.高校财务管理与发展新探[M].成都：电子科学技术大学出版社，2021.

[9] 刘建华，安海峰，王雪艳.财务管理与成本控制研究[M].长春：吉林大学出版社，2020.

[10] 陈宣君.普通高等院校财务管理专业系列教材 财务管理[M].成都：西南交通大学出版社，2019.

[11] 张弛.大数据时代高校财务管理信息化系统研究[J].中国乡镇企业会计，2022（10）：180-182.

[12] 杨春霞，赵爽.互联网下传统企业财务管理的创新[J].商场现代化,2022(19)：156-158.

[13] 李兴德，马祥山.信息时代企业财务管理问题及对策研究[J].商场现代化，2022（19）：174-176.

[14] 吴翔. 企业财务管理工作中的存在问题和完善对策研究 [J]. 商场现代化, 2022 (19): 183-185.

[15] 吴慧敏. 大数据时代企业财务管理面临的挑战及对策研究 [J]. 上海商业, 2022 (10): 120-122.

[16] 彭湘萍. "双高"建设背景下高职院校财务管理优化研究 [J]. 财会学习, 2022 (28): 46-48.

[17] 魏巍. 浅析企业财务管理系统的建设 [J]. 商业观察, 2022 (28): 89-92.

[18] 吴蕾. 浅析高校财务管理信息化建设 [J]. 中国工会财会, 2022 (10): 20-22.

[19] 陈建宇. 探讨如何培养财务管理人员财务大数据分析处理能力 [J]. 中国产经, 2022 (18): 49-51.

[20] 李淼. "互联网+"背景下企业财务管理策略探讨 [J]. 现代商业, 2022 (27): 179-182.

[21] 张怡. 基于杜邦分析法的TO公司财务管理的问题及优化研究 [D]. 株洲: 湖南工业大学, 2019

[22] 何燕. A公司项目财务管理问题及现状分析 [D]. 上海: 上海外国语大学, 2018.

[23] 朱雪飞. 节能服务公司价值链财务管理分析 [D]. 石河子: 石河子大学, 2016.

[24] 陈瑞鑫. 基于SWOT分析的企业财务管理系统设计与实现 [D]. 大连: 大连理工大学, 2015.

[25] 陈华. 高校财务管理系统的研究与分析 [D]. 昆明: 云南大学, 2015.

[26] 于洋. ERP环境下财务管理信息系统应用分析 [D]. 北京: 中国财政科学研究院, 2014.

[27] 张奇琦. 企业财务管理系统的分析与设计 [D]. 厦门: 厦门大学, 2014.

[28] 曾琪. 高等院校二级学院财务管理与分析系统研究 [D]. 成都: 电子科技大学, 2013.

[29] 朱新疆. 企业财务管理系统的分析与设计 [D]. 昆明: 云南大学, 2012.

[30] 陈默. 中小型企业财务管理系统的分析与设计 [D]. 长春: 吉林大学, 2011.